AF453151

Vue du Château des anciens Comtes de Montfort–L'Amaury. (D'après Claude de Châtillon.)

PRÉCIS

SUR LA

VILLE DE MONTFORT-L'AMAURY,

ET HISTOIRE CHRONOLOGIQUE

DES SEIGNEURS DE CETTE VILLE,

DEPUIS LA CONSTRUCTION DE SON CHATEAU FORT JUSQU'A LA RÉVOLUTION
DE FRANCE (996 — 1792.);

PAR Mʳ M. J. L'HERMITTE.

On ne peut ignorer, sans honte, l'histoire de sa patrie,
THOURET.

A PARIS,

CHEZ DUPONT ET RORET, LIBRAIRES,
QUAI DES AUGUSTINS, Nº 37.

1825.

Aux

Habitans

de

Montfort-l'Amaury.

Tribut d'hommage et de dévouement.

M^{te} Jⁿ L'Hermitte,

Leur Compatriote.

PRÉFACE.

L'ÉTRANGER qui contemple, en passant, les tours gothiques de Montfort l'Amaury, et le paisible habitant qui les voit tous les jours, voudraient également connaître de quels événemens elles furent jadis le théâtre, ou du moins de quels personnages elles ont été la demeure. Point de livre qui satisfasse leur juste curiosité; vous interrogez en vain les murailles de ces tours en ruines, pas une inscription qui vous réponde. Des armes en relief, représentant un lion, indiquent seulement qu'il y a eu là de pûissans seigneurs; mais le lion est tellement brisé qu'on le distingue à peine. On peut dire que les tours de Montfort sont l'image de la féodalité renversée.

C'est par suite de cette curiosité, qu'on appellerait à bon droit *patriotique*, surtout dans un habitant du pays même, que j'avais entrepris des recherches sur la ville de Montfort-l'Amaury, sans avoir pensé d'abord à en retracer l'histoire. Mais lorsque, marchant de découvertes en découvertes, je m'aperçus que l'intérêt allait toujours croissant, et que je possédais une collection de faits assez riche pour exciter l'attention de quelques lecteurs, je formai le dessein d'en composer un livre, que je donne sous le nom d'*Histoire Chronologique*. Ce livre comprend l'espace de huit cents ans, depuis le commencement de la domination de Guillaume de Hainaut, premier seigneur de Montfort, en 996, jusqu'au Duc de Luynes, dernier seigneur de ce domaine, à l'époque de la révolution de France.

Un but moral , d'un ordre plus élevé qu'une simple manie d'antiquaire , est venu confirmer mon projet. Si , dans chaque partie de la France, me suis-je dit, un de ses habitans se consacrait particulièrement, ainsi que je l'ai fait, à rassembler les événemens qui concernent son pays natal ; si je trouvais autant d'imitateurs dans ma patrie, qu'il existe de villes dont l'histoire mérite d'être traitée en particulier , il en résulterait un recueil immense , qui présenterait aux yeux étonnés les annales de tout un peuple , les plus complètes qui aient jamais paru dans aucun pays du monde , et moins fastidieuses que nos histoires de France ordinaires , quoique plus considérables ; parce que chacun lirait à sa fantaisie les événemens de telle ou telle ville qui l'intéresserait davantage. La vérité y gagnerait aussi ; car cette nouvelle histoire n'étant pas l'œuvre d'un seul homme , les divers écrivains qui la composeraient à l'insu les uns des autres , ne pourraient supposer des faits , dans la crainte de se voir contredits par leurs collaborateurs. Je laisse à de plus habiles le soin de développer une idée que je n'ai fait qu'indiquer ici.

Les autorités dont on s'est appuyé pour la rédaction de l'*Histoire Chronologique des Seigneurs de Montfort,* et les sources où l'on a puisé les élémens qui forment le complément de ces notes , sont en quantité nombreuse ; il y avait du choix. Il a fallu, en consultant ces divers documens , avoir soin de s'assurer du degré de foi qu'on pouvait ajouter au récit des faits, tantôt altérés , quelquefois incohérens , et souvent embarrassés par des digressions étrangères au sujet principal ; on les en a distraits. On a rétabli la vérité partout où l'on a cru qu'elle était défigurée ; et, après avoir rassemblé tous ces matériaux épars , et rattaché , par le moyen des dates , la chaîne des événemens , on a suivi la succession de ces mêmes événemens , d'année en année , depuis l'époque de la fondation de la seigneurie de Montfort jusqu'à son abolition.

L'histoire de cette seigneurie peut se diviser en quatre périodes :

La première comprendra le régne de la branche de Hainaut, qui s'est éteinte dans la personne de Béatrix, Comtesse de Montfort, dernier rejeton de cette famille.

La seconde fera connaître une partie de la race des Ducs de Bretagne, qui a possédé Montfort.

La troisième indiquera les Rois de France, ou les Princes de leur sang qui ont eu le comté de Montfort en propriété ou en usufruit.

Et la quatrième sera relative à la cession, à titre d'échange, qui en fut faite, par Louis XIV, aux Ducs de Luynes, derniers seigneurs de Montfort l'Amaury.

Le recueil de ces notes fut d'abord entrepris pour ma propre satisfaction et pour mon usage particulier ; mais, considérant qu'il devrait remplir une lacune importante qui existe dans les annales de Montfort (1), et que mes concitoyens pourraient y rencontrer de quoi piquer leur curiosité, j'ai cru qu'il serait peut-être utile de le rendre public. Il paraîtrait cependant téméraire de penser que ce recueil pût plaire à toute sorte de lecteurs ; car il est d'un intérêt presque local ; et c'est une espèce de compilation, où l'on a tâché d'établir quelque suite, en coordonnant entre elles toutes les parties qui la composent : je le déclare afin qu'on ne m'accuse point de plagiat ; et pour rendre à chacun ce qui lui appartient, je renvoie le lecteur à la fin du volume : il y trouvera la liste des ouvrages où l'on a puisé la matière qui compose l'ensemble de cette histoire.

---

(1) J. B. Loret, mon parent, auteur de la Science notariale, et magistrat près les tribunaux de la Seine, avait commencé des recherches sur les antiquités de Houdan et de Montfort. La mort l'a empêché de terminer ce travail.

PRÉCIS

LA VILLE DE MONTFORT.

Les premières époques de Montfort sont, comme celles de toutes les anciennes villes, enveloppées d'incertitudes et de ténèbres difficiles à pénétrer. Si ses annales n'eussent été la proie des flammes, dans l'incendie qu'éprouva, en 1740, la Chambre des Comptes de Paris, où elles avaient été déposées, on pourrait sans doute faire connaître d'une manière positive l'origine de cette ville. C'est à la Bibliothèque Royale, dans ce précieux cabinet qui est comme l'entrepôt des archives de l'Europe, qu'on est parvenu, après de longues et pénibles recherches, à rassembler les titres, Chartres, Cartulaires, etc., etc., qui avaient trait à l'histoire de Montfort et de ses seigneurs. Ces élémens ont servi à la rédaction de l'Histoire que nous donnons aujourd'hui comme très-exacte, tant pour l'ordre chronologique que pour la vérité des événemens.

Il y a, parmi les auteurs qui ont parlé de Montfort, une divergence de sentimens sur le fait de sa fortication. Les uns l'attribuent à Robert-le-Pieux, trente-septième roi de France, qui aurait fait bâtir, moyennant 20,000 liv., la citadelle dont une partie subsiste encore à présent. Cette opinion est controuvée, parce qu'il a été reconnu depuis que Guillaume, comte en Hainaut, arrière-petit-fils, par Amaury I, son père, de Beaudoin Bras-de-Fer, comte de Flandres, et de Judith, fille de Charles II, empereur d'Occident et roi de France, fortifia cette cité, vers l'année

996, sous le règne de Robert. La rancune de quelques moines a dû donner lieu à cette opposition d'avis; et voici comment :

\ L'origine des seigneurs de Montfort était rapportée dans une ancienne Histoire de France, dont les religieux de l'abbaye de Saint-Germain-des-Prés conservèrent long-temps le manuscrit (l'histoire latine d'Aimoin, auteur du dixième siècle, l'une des sources où puisèrent nos historiens subséquens.) Le premier seigneur de Montfort, celui qui fortifia cette ville, s'étant emparé de la terre de Beynes, qui dépendait de l'abbaye de Saint-Germain-des-Prés, les religieux vindicatifs, afin de rendre douteuse la naissance de ce seigneur, rayèrent son nom du manuscrit d'Aimoin (1). Il en résulta que lorsqu'on imprima ce manuscrit, comme on ne tint pas compte de la rature qui s'y trouvait à l'endroit de la généalogie des seigneurs de Montfort, le roi Robert, dont il était question au même endroit, devint, mal-à-propos, à la place du personnage effacé, le fondateur de la forteresse et le père d'Amaury Ier, seigneur de Montfort, auquel il en aurait fait présent pour apanage.

L'historien qui nous a fourni ces documens, Dubouchet, assure avoir vu à Saint-Germain-des-Prés, le manuscrit tel qu'il l'annonce, et il ajoute que l'explication de la rature lui a été donnée, ainsi qu'on vient de la rapporter, par des religieux même de l'Abbaye.

---

(1) Voici le passage latin figuré d'après ce manuscrit :

In tempore regis Roberti, benia fuit de dominio Sancti Germani. . . . .
. . . . . . *Ipse firmavit Montifortem et Sparnonum. Quandam quoque Dominam de Novigento habuit uxorem, de quá unum filium habuit nuncupatum Almaricum.*

Le latin ne nomme pas Robert comme sujet de la phrase ; il porte seulement : *Ipse firmavit Montifortem et Sparnonum,* etc., et les éditions imprimées de l'histoire d'Aimoin, n'ayant pas reproduit, comme ici, la ligne effacée, on a cru nécessairement que *ipse* se rapportait à Robert.

Il est probable que dans l'intervalle il y avait ces mots : *Quam cepit armorum vi Guillelmus, ipse firmavit,* etc. Il est clair que *ipse* se rapporte au dernier nommé.

Cette explication paraît d'autant plus juste qu'en prenant à la lettre le passage d'Aimoin, il serait en contradiction avec les historiens du même temps.

En effet, il est notoire que le roi Robert n'eut que deux femmes. S'il a fortifié Montfort, on est dans la nécessité de l'en pourvoir d'une troisième, qui sera la dame de Nogent, tandis qu'il est avéré, d'après le témoignage, non suspect, d'Ordéric-Vital, écrivain du douzième siècle, que Guillaume de Hainaut épousa cette même dame de Nogent, unique héritière de Montfort et d'Epernon, et de plusieurs autres vastes domaines situés dans la province des anciens peuples Carnutes, qu'on appelle aujourd'hui pays Chartrain.

Ces développemens induisent donc naturellement à reconnaître que ce fut Guillaume de Hainaut qui entoura la ville de murailles, édifia le château, et fut, ainsi qu'on le verra au chapitre suivant, la tige de la maison de Montfort, « qui ne fut pas seulement célè- » bre par le lustre de son ancienne noblesse, de ses hautes allian- » ces, la pompe de ses richesses, mais encore par les hommes illus- » tres et les grands capitaines qui en sont sortis, et dont quelques- » uns se signalèrent avec éclat jusques dans l'Asie. »

Montfort n'était auparavant qu'une simple bourgade dont on n'a pu découvrir le nom ; celui de *Montfort* (1) n'a dû lui être donné qu'après qu'elle a été érigée en place de guerre et à cause de sa position élevée. Cette ville, surnommée *l'Amaury* de l'un de ses seigneurs, est située dans le Mantois, entre les deux rivières de l'Oise et de la Seine, aux confins de l'une des plus riches et des plus fertiles vallées de la France, sur une colline dont la hauteur est couronnée par les ruines romantiques de la forteresse que Guillaume de Hainaut fit bâtir en cet endroit. Les anciens vassaux

---

(1) Montfort-l'Amaury, en latin *Mons-fortis-Amalarici*, ou *Almarici*; d'où est venu qu'on a dit tour-à-tour, Montfort-Amalaric, Almaric, Amaulry et enfin Amaury.

de la châtellenie de Montfort étaient tenus de faire le guet, pour la garde du château-fort et de la ville.

Il y avait anciennement à Montfort une église paroissiale sous l'invocation de Saint-Martin, que le comte Simon Ier donna en 1072 à l'abbaye de Saint-Magloire de Paris. Dans un acte de 1627, nous avons trouvé, au sujet de cette ancienne église, ce qui suit :

« Lès ledit Montfort, il y a une autre église paroissiale, et en-
» core, en signe de ce, y sont fonts baptismaux. »

Simon Ier donna à la même abbaye le prieuré de Saint-Laurent de Montfort. Ce prieuré était de l'ordre de Saint-Benoît, et avait été un couvent de bénédictins.

Sous la domination de Simon II, surnommé le Jeune, qui était seigneur de Montfort en 1092, cette ville fut assiégée par son frère Amaury IV, qu'assistaient le comte de Poitiers et Guillaume le Roux ; mais le comte Simon II défendit la place avec tant de vaillance, qu'il contraignit les agresseurs à lever le siége. Cette entreprise eut lieu sous le règne de Louis-le-Gros.

Montfort l'Amaury fut le chef-lieu d'une principauté dont les seigneurs ont presque tous été célèbres : l'un d'eux, qui était connétable de France, créa, en l'année 1239, l'hôpital de Montfort, avec la chapelle sous le titre de Sainte-Avoye. Cette chapelle, abolie pendant la révolution, a été rétablie depuis quelques années.

La ville de Montfort vit naître dans son sein le fameux père Mathieu, fondateur de l'ordre religieux des Jacobins ; et elle possédait autrefois les dépouilles de Saint-Barthélemy, qui furent apportées de Bénévent en 1261, par Philippe de Montfort, cousin germain d'Amaury le connétable.

Il résulte d'un édit, donné par Charles IX roi de France, en l'année 1569, que déjà « *les murailles, ponts et portes de Montfort,*
» *par faute d'être entretenues, étaient grandement diminuées e en dan-*
» *ger de tomber bientôt.* » Ce sont les termes textuels de cet édit.

Cependant en 1604 (1) et en 1627 le château était encore habité ; il ne l'était plus 64 ans après ; car le rapport d'estimation du comté de Montfort, dressé en 1691, nous apprend qu'à cette dernière époque : « *Ce château, qui consistait en un corps de bâtiment, avec* » *deux tourelles en saillies, portées sur des culs de lampes, devant les-* » *quelles se trouvait une tour, était une mazure entièrement ruinée et* » *inhabitable* (2). » Le même titre énonce qu'il y avait, derrière ces mêmes bâtimens, une chapelle dont la plus grande partie tombait également en ruines. C'était la chapelle du couvent des capucins (3) de l'ordre de Saint-François, établi en 1601, dans la basse-cour du château. Ce couvent, et celui des religieuses, institué sous le titre de la Congrégation de Notre-Dame en 1649, avaient été fondés sous l'un des ducs d'Épernon, qui étaient alors comtes de Montfort.

Un an après l'édit de Charles IX, en 1590 (4), le duc d'Anjou (depuis roi de France, sous le nom de Henri III), alors seigneur de Montfort, fit rétablir les murailles dont cette ville est actuellement en partie entourée; ce qui permit à ses habitans, lors de l'avénement d'Henri IV au trône, au moment où ce roi combattait encore contre la Ligue, de se déclarer plus aisément en faveur de

---

(1) Claude de Châtillon, qui vivait en 1604, nous a laissé, dans sa Topographie Française, publiée par Jean Boissot, un plan de la ville et du château de Montfort, gravé par Briot. Ce château y paraît conservé dans tout son entier. Un titre de 1627, dont suit un extrait, nous fait voir encore qu'à cette époque ce même château était encore, sinon habité, du moins habitable.

(2) On a pu voir au Musée Royal des arts, exposition de 1824, une peinture aquarelle, n° 602, représentant les ruines de l'ancien château de Montfort-l'Amaury, et une autre peinture du même genre, n° 603, représentant la tour et la ferme de Maurepas. Ces deux petits tableaux, faits par M. Dupressoir, ont été vendus 400 fr. à la Société des Amis des Arts. Celui qui représente les tours de Montfort, est échu à M. Trumeau (de Châteauroux).

(3) La maison conventuelle, appartenant à ces moines, a été vendue à M. Nadermann, célèbre harpiste, qui l'habite actuellement.

(4) On a trouvé dans les ruines de Montfort une pièce frappée au coin d'un prétendu roi Charles X : c'était le cardinal de Bourbon, mort en 1590.

son prince légitime. A cette occasion, un peintre illustre de ce temps-là avait fait un tableau représentant la ville de Montfort-l'Amaury menacée de siège. On y remarquait un personnage en robe, à la tête d'une troupe de gens armés. Henry IV, qui était venu, à son retour du siége de Dreux, camper dans les plaines de Montfort, où l'on remarque encore aujourd'hui, du côté de la forêt, les traces et la forme de son camp, ayant demandé quel était le personnage en soutane qui commandait cette milice, on lui apprit qu'il s'appelait Pierre Guignard (1), chef de la ville de Montfort, pendant la guerre civile, et qu'il l'avait maintenue dans le parti du roi jusqu'à sa mort; ce qui fit dire à Henry IV, que cette action méritait à son auteur d'en conserver la mémoire, et était digne que l'on mît son nom derrière le tableau; on l'inscrivit en effet au revers de ce même tableau, qui fut envoyé au château de Fontainebleau. Il a été brûlé depuis par un appelé Sergent, le plus scélérat des révolutionnaires, envoyé par la municipalité de Paris, pour détruire les titres de noblesse, et tout ce qui se rattachait à l'histoire des Maisons Royales de France.

A l'exception des deux tentatives de siége dont nous venons de parler, on ne voit nulle part que Montfort ait subi un assaut dans les règles; et le château, qui est abandonné depuis près de deux cents ans, nous paraît plutôt avoir été détruit par les ravages du temps que par la guerre.

---

(1) Il était avocat au parlement. Henri II lui donna la charge de procureur du roi au bailliage de Montfort. Il est nommé au procès-verbal de rédaction de la Coutume de cette ville, dressé le 12 octobre 1556, comme ayant porté la parole pour le roi, à l'assemblée qui eut lieu à ce sujet. La postérité de ce Guignard existe encore aujourd'hui à Montfort : son père, André Guignard des Olives, seigneur de la terre et du château des Olives, situés à trois lieues de la ville de Chinon, département de l'Indre et Loire, avait été page de la grande écurie du roi, ensuite l'un de ses gentilshommes, puis lieutenant de la vénerie du Cerf; et, pour récompenser ses services, François Ier lui conféra la charge de maître particulier des eaux et forêts de Montfort, lui donnant pour armes un chef de cerf avec son bois enclos d'un chevron brisé, et dessus deux cors de chasse.

Il existe chez les habitans de Montfort une tradition orale qui attribue aux Anglais la construction de l'Église actuelle de Saint-Pierre. Cette tradition peut bien avoir quelque fondement ; car Montfort ayant été au pouvoir de Henri II, roi d'Angleterre, il paraît presque assuré, quoi qu'on n'ait rien de positif sur l'époque de la fondation de l'Église, que cette époque remonte à l'année 1158, temps où les Anglais étaient en possession de cette place forte. Les dates de 1544 et 1578, qu'on aperçoit sur les vitraux (1), indiquent sûrement les temps auxquels ces peintures ont été commencées et finies. Le célèbre Jean Cousin, de Soissons, l'un des fondateurs de l'École Française, qui a peint le vitrail de Saint-Gervais, vivait alors, et il ne serait pas surprenant que lui ou ses élèves eûssent coopéré à l'exécution des brillantes peintures qu'on voit sur celui de l'Église de Montfort. Parmi les sujets qu'elles offrent et qui sont tirés de l'Histoire Sainte, on remarque quelques personnages du temps, représentés à genoux sous le costume des règnes de François Ier et de Henry II. Le dessin de cette Église est grand ; elle doit n'avoir été achevée qu'en 1613, (sous le règne de Louis XIII), comme semblerait d'ailleurs l'indiquer cette dernière date sculptée dans la pierre, à côté du portail, au-dessus duquel on peut lire encore l'épigraphe latine suivante, qui est du même-temps :

Audi, Domine, hymnum et orationem populi tui, ut sint occuli tui aperti, et aures tuæ intentæ super domum istam, in simpiternum tempus.

      Cunctorum votis surrecto vertice templi
      Perpetuo tendas lumina, Christe, velint.

« Entends, ô Seigneur ! les cantiques et les prières de ton peu-
» ple, afin que tes oreilles et tes yeux soient éternellement ouverts
» sur ce lieu saint. »

____

(1) Ces vitraux sont remarquables par la fraicheur, la finesse du dessin et le coloris des figures qu'ils représentent.

« Sans cesse, ô Jésus-Christ, du faîte de ce temple,
Propice aux vœux de tous, que ton œil nous contemple

La nef de cette église n'a point été terminée, ce qui nuit beaucoup à l'harmonie de son vaisseau, d'ailleurs d'une architecture assez remarquable : on admire particulièrement, dans son intérieur, une suite nombreuse de pendentifs ou culs-de-lampes, d'un travail parfait, suspendus hors le perpendicule de la voûte des bas côtés.

Il existe à la Bibliothèque Royale un plan de la ville de Montfort et plusieurs autres anciennes gravures (1), qui établissent les dégradations progressives qu'ont éprouvées ses fortifications et la forteresse, dont l'emplacement a été, le 4 frimaire an 4, vendu par le duc de Luynes, dernier seigneur de Montfort, à M. Le Breton, écuyer et ancien lieutenant-général du bailliage. L'héritier de celui-ci, M. Dulieu, en a fait don à la ville.

Depuis, M. de Biancour, maire de Montfort, en 1817, et actuellement député du département de Seine-et-Oise, a converti cet emplacement en une promenade délicieuse, qu'admirent les étrangers (2). Sur l'une des tours, on aperçoit une inscription moderne, consacrant la visite que fit, dans ce site pittoresque, S. A. R. Madame, Duchesse d'ANGOULÊME, maintenant Madame la DAUPHINE. Voici cette inscription :

« Le 11 octobre 1819, S. A. R. Madame la Duchesse d'An-

---

(1) Voyez Claude de Châtillon : Topographie Française; et les gravures de Péeters; ou y aperçoit le plan du moulin de Launay, château dans le pays de Hurepois, celui de Chévreuse, Nioffre (Neauphle), Houdan, Epernon, Nogent, Rochefort, etc., etc.

(2) La maison de M. de Biancour était habitée, en l'année 1784, par Roucher, poète-philosophe, le plus courageux des hommes, le meilleur et le plus infortuné : il y composa en partie son poème des Mois, et plusieurs autres pièces intéressantes. Dans un ouvrage intitulé : *Consolation de ma captivité*, religieux monument de piété filiale et de tendresse paternelle, Roucher dépeint, d'une manière touchante, les beaux sites de Montfort, où il allait chercher ses inspirations poétiques.

» GOULÈME, entourée des habitans de Montfort, qui la bénissaient,
» daigna honorer ces lieux de sa présence. »

Les villes étaient anoblies comme les personnes ; elles avaient
des armes ; celles de Montfort étaient un loup. Il y a dans la tour
dont nous venons de parler, un blason qui nous a paru représenter
ces armes. Ce blason, qui a 9 pouces 8 lignes de haut sur 6 pouces
9 lignes de large, est placé sous le cintre d'une porte, au premier
étage de cette tour. Les quatre animaux qu'on y aperçoit, sculptés
sur pierre d'un gros grain et assez mal faits, doivent être des loups;
et sur l'écusson placé au centre du blason, on remarque encore
deux monts. Voici l'explication de ce blason : premier quatrième
d'argent ; à trois pals traversés d'un pal vers le chef; le tout
de gueules ; à deuxième et troisième d'argent; à deux loups de
gueules, posés l'un sur l'autre, et sur le tout d'argent; à deux monts
de sable. On voit, dans l'intérieur de cette tour, un reste d'esca-
lier qui tournait en spirale, depuis sa base jusqu'à son extrémité
supérieure. La porte d'entrée, d'une forme ovale, est remarquable
par des sculptures à jour, aussi légères que délicates. On trouve de
semblables sculptures au-dessus de la porte d'un ancien cloître,
dont on a fait depuis le cimetière de la ville; les charniers, ou
galeries couvertes, en existent même encore. Il y a dans la geole
ou maison d'arrêt, de petites portes cintrées également fort cu-
rieuses. Quelques personnes croient que ce cloître et cette tour
ont été bâtis sous François Ier ; mais rien ne l'atteste.

C'est ici le lieu de donner une idée précise de la dissolution
rapide du comté de Montfort, de ce riche et vaste domaine, qui
confinait avec Paris, Chartres et Orléans, et d'indiquer en même
temps l'espèce, la forme et la composition des différens tribunaux
institués dans cette principauté aux époques dont nous allons rendre compte.

Montfort, en l'année 146, était une julice seigneuriale dont les
appels étaient transférés à Gisors, ville du département de l'Eure.
Un édit de 1532 réunit cette seigneurie à la couronne de France,

et Montfort devint le siége d'un bailliage royal du ressort du parlement de Paris.

Peu de temps après, le comté de Montfort essuya plusieurs démembremens ; le marquisat de Rambouillet, la châtellenie de Neauphle, la terre de Maurepas et la baronie d'Épernon , qui en faisaient partie, en furent distraits.

La baronie d'Epernon fut érigée en Duché Pairie par le roi Henri III, en faveur de Louis Jean de Nogaret, sieur de la Vallette , qui avait épousé l'une des sœurs de ce monarque.

La terre de Maurepas, unie à celle de Pontchartrain , et érigée en Comté-Pairie , fut , ainsi que la Châtellenie de Neauphle, donnée par Louis XIV, au comte de Pontchartrain, en échange de Marly-le-Bourg, et le marquisat de Rambouillet avec les terres qui en dépendaient, fut érigé en duché pairie , au profit du comte de Toulouse.

A la même époque eut lieu l'échange du Duché de Chevreuse, pour le comté de Montfort ; mais cet échange offrit une difficulté, en ce que le bailliage de cette dernière ville, devenu seigneurial, ne pouvait plus connaître des appels de la justice royale de Neauphle.

Pour suppléer à cette incompétence , Louis XIV avait établi à Montfort, un nouveau bailliage royal auquel il attribua la connaissance des cas royaux , dans toute l'étendue de ce comté. On institua en outre un bailliage ducal qui ne dépendait aucunement du premier, et qui était du ressort du Parlement de Paris.

Enfin le marquisat de Rambouillet, et ses annexes, furent établis en Duché-Pairie , en faveur de Louis-Alexandre de Bourbon, comte de Toulouse, auquel Charles-Honoré d'Albert duc de Luynes avait vendu la Châtellenie de Saint-Léger , et la forêt de Montfort, de dix-huit mille cinq cents arpents, moyennant huit cent quarante un mille deux cent quarante six livres.

Par suite de ces démembremens, le domaine de Montfort se

trouva singulièrement diminué, et la juridiction réduite à peu de chose. Cette juridiction ne conserva en effet sur Rambouillet, Epernon et Dreux, dont le bailliage fut supprimé en 1770, que la connaissance des cas royaux; les appellations de ces grands fiefs, ainsi que celles de Pontchartrain et de Neauphle, furent du ressort du parlement de Paris.

Il restait cependant encore à la ville de Montfort, plusieurs cours de justice.

La première était le Bailliage royal (1), qui tenait ses assises quatre fois l'année. Cette juridiction était composée d'un grand Bailly, ou Lieutenant-Général d'épée; d'un Président; un Lieutenant-Général civil; un Commissaire enquêteur et examinateur; un Lieutenant particulier civil et Assesseur criminel; deux Conseillers, un Avocat, et un Procureur du roi; un Substitut du Procureur du roi; un Rapporteur; six Procureurs; deux Huissiers; un Greffier et deux Notaires. Tous ces officiers étaient nommés par le duc de Luynes.

La seconde juridiction était celle de Duché-Pairie, appartenant privativement, comme juridiction patrimoniale, au duc de Luynes. Elle était exercée par les officiers du bailliage royal.

La troisième était la maîtrise des eaux et forêts, dont les officiers étaient nommés par le Duc. Elle était exercée par un maître particulier, un Lieutenant, un Procureur fiscal et un Greffier.

---

(1) M. de Mably définit ainsi ce tribunal :

Pour faciliter les appels des jugemens rendus par les juges seigneuriaux, le roi avait établi de grands tribunaux royaux appelés bailliages. On assigna aux grands baillis des provinces entières, dans lesquelles ils révisaient les jugemens des cours seigneuriales et avaient en même temps le commandement des milices.

Ces grands baillis établirent bientôt la doctrine de cas royaux, c'est-à-dire qu'il y avait certains cas et certaines matières dont le jugement appartenait de droit aux justices royales et dont les juges des seigneurs ne pouvaient connaître, même entre leurs sujets. Ces cas n'étaient pas désignés.

Les appels de cette maîtrise étaient de la compétence de la Table de marbre du Palais, à Paris.

La quatrième était l'élection, composée de cinquante-neuf paroisses; elle avait un président et un procureur du roi.

La cinquième était celle du grenier à sel, qui s'étendait sur cent six paroisses : elle avait également un Président et un Procureur du roi.

La sixième enfin était l'Hôtel de ville et la Mairie, composés d'un maire et de quatre échevins électifs, par le peuple, tous les trois ans, et institués par un édit de Charles IX, de l'année 1564.

Nous ne terminerons pas cette notice sans donner ici l'extrait d'un titre manuscrit que nous avons entre les mains, et qui n'est pas moins curieux par son antiquité, qui remonte à bientôt deux siècles, que par les détails assez intéressans, qu'il offre sur la ville et le comté de Montfort : cette pièce est de l'année 1627.

« Le comté de Montfort, y est-il dit, est membre ancien du duché de Bretagne ; le second titre dudit duché, et le premier mâle de la maison de Bretagne, est appelé monseigneur de Montfort, comme son premier titre et seigneurie.

» Se rendent les comptes de la recette ordinaire dudit comté, en la Chambre des Comptes de la ville de Mantes, où il y a chambre particulière, qui est appelée la Chambre de Montfort.

» Ledit comté est assis en l'ombilic (*c'est-à-dire le centre, le milieu, le nombril*) de France, entre Seine-et-Oise, neuf lieues près la ville de Paris, entre ladite ville de Paris, Rouen, Orléans, Chartres ; bon pays, fertile et abondant en tous biens.

» Ledit comté est de très-belle et grande étendue, même à prendre de Bailly, Noisy, qui tiennent à la prevôté et vicomté de Paris, à aller à Merespys, Franconville et le Chêne en Beauce, qui tiennent aux bailliages d'Orléans, Janville et Chartres ; et il y a de distance de l'un à l'autre de dix-huit à vingt lieues ; à prendre au Marets et Val Saint-Germain, assis près Mont-Lhéry et Dourdan, à aller à la châtellenie de la forêt de Civry et Herces, il y a de distance de dix-sept à dix-huit lieues et plus ; à prendre de Septeuil,

Saint-Corantin, de Menouville, tenant au bailliage de Mantes, à aller à Houy, le bois de Fouches, Craches, le Sartin et Aumale, il y a de distance de quatorze à quinze lieues et plus.

» La ville de Montfort est bien édifiée, peuples, manans et habitans, riches et opulens en biens ; et sont des chefs-d'hôtels jusqu'au nombre de six à sept cents.

» Audit lieu de Montfort, il y a château bien édifié, capital et dominant de tous les autres châteaux, fiefs et vassaux, en plusieurs fiefs dudit comté de Montfort.

» Au-dessus dudit château, il y a basse-cour, en laquelle il y a belles écuries pour les grands chevaux et courtaux, granges à mettre grain et autres provisions ; colombier, grand jardin clos à murs, contenant trois arpens et plus.

» Dedans ledit château, il y a chapelle fondée de monseigneur Saint-François, qui est collation (*bénéfice*) du Comte dudit lieu, ayant de revenu six septiers de blé à cent sols parisis en argent, et autres droits.

» Dedans la basse-cour dudit château, il y a un beau prieuré fondé de monseigneur Saint-Laurent (de l'ordre de Saint-Benoît), anciennement conventuel ; et en est ledit Comte fondateur ; vaut de revenu quatre cents livres.

» Au-dessus dudit château, près lesdits jardin et écurie, il y a une belle chapelle, fondée de monseigneur Saint-Nicolas.

» En la ville de Montfort, il y a Hôpital et Maison-Dieu, fondés par le Comte, est en sa collation et pleine disposition, qui vaut de revenu deux cent cinquante livres. Audit hôpital, il y a une belle chapelle, fondée de madame Sainte-Avoye.

» En la ville de Montfort, il y a une maladrerie fondée par le Comte, et est en sa collation et pleine disposition ; vaut deux cents livres tournois, et plus, de revenu par chacun an.

» Il y a belle chapelle fondée à monseigneur Saint-Blaize, et le jour de la fête, qui est le troisième jour de février, il y a marché et foire, et grande assemblée de peuple.

» En ladite ville de Montfort, il y a une très-belle église paroissiale fondée à messeigneurs Saint-Pierre et Saint-Paul ; il y a deux cures ; et vaut de revenu, chacune cure, deux cents livres tournois, et plus, par chacun an.

» Il y a chapelle fondée à monseigneur Saint-Eutroppe (*on croit que c'était la chapelle de Groussay*) ; et le jour de la fête, qui est le dernier jour d'avril, il y a marché, foire et assemblée de peuple (1).

» En ladite ville de Montfort, il y a de très-belles halles, situées et assises près l'église (2).

» Il y a boucherie, et jusqu'au nombre de vingt-quatre étaux à boucher, qui valent de revenu, chacun an, au Comte, la somme de vingt sols de Tours, chacun étau, qui font ensemble vingt-quatre livres tournois.

» Il y a marché deux jours la semaine, c'est à savoir au jeudi et au lundi. Il y a halles à blé et autres grains, lesquels ès dits jours affluent et sont vendues grandes quantités de grains.

» En ladite ville, il y a droit de change d'or, d'argent et monnoie.

» Il y a droit que nul ne peut brasser avoine ni bière, fors le fermier pour le Comte.

» Il y a fours baniers en la ville dudit Montfort, qui sont baillés à ferme, par chacun an, à la somme de quinze livres tournois.

» Sont tenus, les vassaux et sujets de la châtellenie dudit Montfort, faire le guet pour la garde du château et ville, ainsi qu'anciennement a été institué.

---

(1) Des ouvriers employés, par Madame la duchesse de Charost, à des travaux de terrasse, dans son parc de Groussay, y ont trouvé enfouis des ossemens de corps humain. Cette duchesse, après les avoir fait mettre dans deux cercueils, les a fait conduire dans le cimetière de Montfort. On ne sait à quoi rapporter ces ossemens, qui confirment cependant l'ancienne tradition, d'après laquelle on savait qu'il y avait eu autrefois une église de paroisse à Groussay. Une bague, ou anneau, a été trouvée à un doigt qui faisait partie de ces ossemens.

(2) Elles ont été abattues en 1817.

» Il y a droit de tabellionage, que nul ne peut passer ni recevoir contrats, fors le tabellion dudit lieu, ou ses substituts, qui est baillé à ferme par chacun an, au profit du comte de Montfort, à la somme de deux cent cinquante livres tournois.

» Y a sceaux aux contrats, tous droits d'épaves, forfaitures, aubénages, péages et travers, par les détroits de la châtellenie.

» Y a poids, mesures, marcs et ajuste d'iceux.

» Le moulin de Launay, assis sous les étangs de Montfort, est banier de la ville de Montfort, et est baillé à vingt-huit septiers de blé par chacun an.

» Y a sergent, châtelain à hérédital, à fief, châtelain à cause de son office : y a huit autres sergens ordinaires, pour l'exercice de la justice. »

La terre de Montfort fut successivement érigée en seigneurie, baronie, comté et duché; et nous ne nous sommes quelquefois servis du mot de *principauté*, dans le cours de ce petit ouvrage, que comme d'une *expression générique*, sous laquelle on doit toujours entendre l'une ou l'autre de ces quatre dénominations.

FIN DU PRÉCIS SUR LA VILLE.

HISTOIRE CHRONOLOGIQUE
DES SEIGNEURS
DE MONTFORT-L'AMAURY.

PREMIÈRE PÉRIODE.

BRANCHE DE HAINAUT.

CHAPITRE PREMIER.

(Espace d'environ 7 ans.)

GUILLAUME DE HAINAUT,

SEIGNEUR DE MONTFORT.

An 996.

GUILLAUME de Hainaut était fils d'Amaury Ier, Comte de Hainaut, marié, en l'an 952, à la fille d'Isaac, comte de Cambray, et
arrière-petit-fils de Beaudoin-Bras-de-Fer, premier du nom,
comte de Flandre, et de Judith de France, fille de l'empereur
Charles-le-Chauve. Guillaume de Hainaut, après avoir épousé
l'héritière de Montfort et d'Épernon, fortifia ces deux places, sous
le règne de Robert-le-Pieux, 37e roi de France : mais s'étant emparé, par force, de la terre de Beynes, qui était du domaine de
l'abbaye de Saint-Germain-des-Prés, cette usurpation donna sujet
aux religieux de ce monastère, d'effacer son nom de l'histoire d'Aimoin, pour en faire perdre la mémoire ou rendre sa naissance douteuse : ils y réussirent ; et Robert-le-Pieux, dont il était question
au même endroit de cette histoire, passa long-temps pour avoir

été la tige des seigneurs de Montfort (Voir à ce sujet ce qui a été dit dans le précis sur la ville).

Guillaume mourut en l'année 1003, laissant un fils appelé Amaury II, du nom de son aïeul paternel, qui était, comme on l'a dit, Amaury Ier.

CHAPITRE II.

(Espace d'environ 50 ans.)

—

AMAURY II,

SEIGNEUR DE MONTFORT.

1003.—Amaury II, fils unique de Guillaume de Hainaut, succéda à son père dans les seigneuries d'Épernon et de Montfort. Ce fut lui qui donna à cette dernière ville le surnom d'*Amaury*, qu'elle a toujours conservé depuis ; d'autres pensent que ce fut Amaury IV.

Amaury II étant à Paris, souscrivit, en 1028, avec Eudes II, comte de Champagne, Guillaume IV, comte d'Auvergne, Foulques III dit Nerra, comte d'Anjou, Beaudoin, comte de Flandre, Dreux Ier, comte du Vexin et d'Amiens, Ives, comte de Beaumont, Manassès, comte de Dammartin, Bouchard II, seigneur de Montmorency, et plusieurs autres grands du royaume, la charte de confirmation des biens de l'abbaye de Coulombs (1), faite par le roi Robert. Il n'existe au sujet d'Amaury II, qu'un seul trait remarquable, mais qui suffit pour sa gloire. On sait que le prince Henri Ier, fils aîné du roi Robert et l'héritier de sa couronne, trouva dans la reine Constance, sa mère, une ennemie implacable. Cette ambitieuse Princesse, voulant conserver l'autorité absolue qu'elle s'était acquise dans l'état pendant les dernières années du règne du Roi, son mari, avait entrepris,

---

(1) Aujourd'hui Colombe.

avec l'assistance des comtes de Champagne et de Flandre, d'enlever le sceptre des mains du jeune Henri, pour le placer en celles de Robert Ier, duc de Bourgogne, son second fils, sous le nom duquel elle espérait régner. Déjà les forteresses de Dammartin, Senlis, Melun, Sens et Poissy, s'étaient révoltées, et la capitale n'attendait plus qu'un coup décisif pour imiter leur exemple.

Dans des circonstances aussi critiques, Amaury II fut du nombre de ceux qui restèrent auprès du Roi. Il fit plus : au moment ou ce prince ne savait quel parti prendre, il le détermina à traverser ses états avec douze de ses gardes, pour aller demander un appui au duc de Normandie (surnommé Robert-le-Diable), qui tenait alors sa cour à Fécamp. L'événement justifia la hardiesse de l'entreprise, et montra qu'un roi obtient davantage quand il est lui-même son ambassadeur. En effet, le duc Robert ne se borna point à promettre ses services à Henri ; il le fit suivre aussitôt d'un corps de braves Normands, auxquels se rallièrent de nouvelles troupes qu'amenaient de toutes parts à leur Prince les grands de l'état qui n'avaient pas forfait à l'honneur ; à la tête de cette armée, le Roi reconquit ses places de guerre, triompha de ses ennemis, dissipa leurs complots, et ne dut sans doute qu'à l'utile avis du seigneur de Montfort, la conservation de sa couronne.

Amaury II épousa une dame nommée Bertéis, qui consentit, avec ses enfans, au don qu'il avait fait, en 1053, à l'abbaye de Marmoutier, en présence de Thibaut, comte de Blois, d'Eudes, frère du Roi, de Valeran, comte de Meulan, et de Hescelin, évêque de Paris, du village de Sénicourt, dans le territoire de Chartres, ainsi que des églises d'Olinet, de Helmoret, de Rambouillet et de Prouvais.

Les deux fils d'Amaury étaient Simon Ier et Mainier. Celui-ci hérita de la seigneurie d'Épernon ; l'autre eut en partage celle de Montfort.

CHAPITRE III.

(Espace d'environ 34 ans.)

SIMON Ier.

BARON DE MONTFORT.

1053. — Simon Ier, fils d'Amaury II, succéda à ce dernier dans la seigneurie de Montfort. Simon Ier était baron, comme on le voit dans Suger. Tout ce qu'on sait de ses exploits militaires, c'est que, fidèle au roi Henri Ier, ainsi que l'avait été son père, il aida ce prince, l'an 1058, à reprendre le château de Tillières, dont Guillaume le Bâtard, duc de Normandie, s'était emparé. Les autres faits d'armes de Simon Ier ne sont pas connus ; mais parmi les usurpations auxquelles il se livra, comme tous les seigneurs de ces temps, où la force souvent établissait le bon droit, on citera le trait suivant :

Hugues Bardoul (1), seigneur de Nogent et de Broyes, son beau-père, avait donné l'église de Villemonde aux religieux de l'abbaye de Colombe ; après la mort de Bardoul, Simon aida d'autres religieux à s'emparer de cette église et d'un couvent qui en était voisin. Les moines vainqueurs eurent quelque temps le profit de leur violence, tandis que tout le blâme en retombait sur le seigneur de Montfort. Il ne tarda pas à s'en apercevoir, et, rétablissant à la fin dans leurs droits les religieux qu'il avait dépouillés, il leur fit réparation par une charte qui commençait ainsi :

« *Ego Simon de Montforti me esse reum coràm omnibus fateor,*
» *qui quod antecessores mei fratribus Columbensibus dederant, Hugo*
» *videlicet Bardulphus atque ejus filii ecclesiam de Villemundis illis in-*
» *justè abstuli.* »

---

(1) On croit que ce fut lui qui donna son nom à la porte Bardoul, l'une des principales entrées de la ville de Montfort.

« Moi, Simon de Montfort, je m'avoue coupable à la face de
» l'univers, d'avoir injustement enlevé aux frères de l'abbaye de
» Colombe, l'église de Villemonde que mes prédécesseurs, Hugues
» Bardoul et ses fils, leur avaient donnée. »

Simon Ier, par cet écrit public, manifestait assez le repentir de
son injustice; mais un moment d'humiliation fut bientôt effacé
par les honneurs insignes qu'on lui rendit à l'abbaye de Colombe,
où il fut reçu au milieu des cérémonies les plus solennelles. Satisfait à son tour de ce pompeux accueil, il gratifia les moines d'une
dîme qui, mieux que tout le reste, fut, pour le baron de Montfort,
une éternelle garantie de paix. Aussi va-t-on le voir bientôt s'u-
nir impunément, et sans craindre d'attirer sur sa tête les foudres
ecclésiastiques, à une femme enlevée par ses intrigues.

Simon Ier autorisa de son seing une Charte que le roi de
France (Henry Ier) fit expédier dans son camp, en faveur de
l'abbaye de Saint-Germain-des-Prés, en la présence de Thibaut, comte de Chartres; Raoul, comte de Crépy; Rotrou,
comte de Mortagne; Galeran ou Valeran, comte de Meulan;
Hugues Bardoul, seigneur de Broyes; Guillaume de Gometz et
plusieurs autres illustres seigneurs de ce temps-là. Il fut aussi présent, avec la reine Anne, veuve de Henry Ier, Beaudoin, comte
de Flandre, Raoul, comte de Valois, et Thibaut de Montmorency, lorsque le roi Philippe Ier confirma le don de l'église
de Saint-Germain de Brézolles, fait à l'abbaye de Saint-Père,
près Chartres, par Albert de Château-Neuf, en l'année 1062;
il assista, en 1067, à la célèbre assemblée des grands du royaume
que ce même roi fit convoquer à Paris, pour être présens à la dé-
dicace de l'église de Saint-Martin-des-Champs.

Simon avait épousé, en premières noces, vers l'an 1055,
Isabelle, fille et héritière de Hugues Ier, dit Bardoul, seigneur de
Broyes et de Nogent. Le nom de sa seconde femme nous est de-
meuré inconnu. Il eut pour troisième femme, la fille de Richard,
comte d'Evreux, nommée Agnès, veuve de Roger, seigneur de
Toëny. La raison politique de cette union était, sans doute, de

faire passer le comté d'Evreux dans la maison de Montfort, de la même manière qu'il avait fait pour celui de Broyes et de Nogent. Raoul de Toëny, seigneur de Conches, frère utérin d'Agnès, enleva lui-même, et pendant la nuit, sa sœur, pour la faire épouser au seigneur de Montfort, afin d'épouser, à son tour, Isabelle, fille de Simon. Ce dernier mariage se célébra, en 1077; et Isabelle, après la mort de Raoul, pour effacer les fautes nombreuses qu'elle avait commises dans sa jeunesse, au rapport d'Ordéric-Vital, se fit religieuse à Haute-Bruyère.

Simon Ier avait eu Isabelle de sa première femme. Il eut, de sa seconde, Eve de Montfort, mariée, en 1119, à Guillaume Crépin Ier, seigneur de Bec-Crépin. Du troisième lit sortirent Richard, Simon, Amaury, Guillaume, élu évêque de Paris en 1092, et la célèbre Bertrade, qui épousa, en 1089 ou 1091, Foulques Réchin, comte d'Anjou, à qui elle fut enlevée par le roi Philippe Ier, ainsi qu'on le verra dans la suite.

Simon Ier mourut l'an 1087. Ordéric-Vital remarque qu'en cette même année, un grand nombre de seigneurs sembla vouloir accompagner Guillaume, duc de Normandie, dans le tombeau: Simon de Montfort était du nombre. Il fut enterré dans le cimetière de l'église de Saint-Thomas d'Epernon.

CHAPITRE IV.

(Espace d'environ 2 ans.)

AMAURY III, surnommé LE FORT ou LE COURAGEUX,

SEIGNEUR DE MONTFORT.

1087. — Successeur de Simon Ier dans la seigneurie de Montfort, et de plus héritier, par sa mère Isabelle, des domaines de Broyes et de Nogent, Amaury III fit hommage, en présence du roi Philippe Ier, pour les terres de Beynes et du Chenay, à Pierre de Loiselève, prieur de l'Abbaye de Saint-germain-des-Prés, et chancelier du royaume de France. Ce qu'on a pu découvrir à ce sujet, c'est qu'en 1274, les seigneurs de Montfort avaient cessé de rendre hommage à l'Abbaye de Saint-Germain-des-Prés, pour le Château du Chenay et le fief de Beynes.

Une valeur qui tenait quelquefois de la témérité, mais presque toujours couronnée du succès, le fit surnommer *le Fort et le Courageux*. Remarquable surtout par la violence de ses passions, il était parvenu, tout jeune encore, à faire chasser du couvent de Villemonde, une de ses parentes, dont la conduite ne répondait pas à la sainteté du lieu, et qui remplissait plutôt les fonctions d'une prêtresse de Vénus que les devoirs d'une Vestale du Seigneur.

A peine fut-il en possession de la seigneurie de Montfort, qu'impatient de déployer sa valeur, il s'immisça dans les affaires de ses voisins. Ascelin Goël, fils de Robert, seigneur de Bréherval, chevalier d'un redoutable courage, et vassal de Guillaume de Bréteuil, seigneur d'Ivry, avait livré, par trahison, cette place forte à Robert, duc de Normandie. Guillaume l'ayant rachetée, pour le prix de quinze cents livres, en chassa Ascelin, ce qui occasionna entr'eux une guerre sanglante : Amaury entra, en l'an 1087, dans cette querelle dont l'issue lui devint funeste ; quoiqu'injuste, la cause du plus audacieux fut la sienne. Au mépris de l'alliance qui unissait sa famille à la famille de Guillaume, profitant de l'absence de ce seigneur, que Goël tenait assiégé dans Ivry, il part à la tête d'une troupe nombreuse, fond tout-à-coup sur les terres de Breteuil, et répand, jusqu'au milieu de ce domaine, la dévastation et la mort : les villes et les campagnes qu'il laisse derrière lui, on dirait qu'un lion furieux les a ravagées. Soldats, citadelles, remparts, rien ne l'arrête ; partout il est vainqueur. Mais Amaury n'acheva pas sa funeste expédition ; en combattant seul contre deux chevaliers, devant le Château d'Ivry, il fut percé dans le flanc, d'un coup de lance dont il mourut le même jour, l'an 1089, sans laisser de postérité. Il avait été marié deux fois.

Il fut séparé de Richilde, sa première femme, issue de la famille de Hainaut, à cause de la consanguinité qui existait entre eux.

CHAPITRE V.

(Espace d'environ 3 ans.)

—

RICHARD.

SEIGNEUR DE MONTFORT.

1089. — Richard, frère puîné d'Amaury III, devint à-la-fois son successeur dans la seigneurie de Montfort et l'héritier de son ressentiment contre Guillaume de Breteuil, seigneur d'Ivry.

Afin de venger la mort de son frère, Richard de Montfort appuya, de ses conseils et de ses forces, la félonie d'Ascelin Goël, et réunit, en 1090, ses troupes à celles de ce chevalier. Leur armée rencontra celle du baron de Breteuil, entre l'Aigle et Bonsmoulins. Le choc fut terrible, la bataille sanglante ; mais la victoire demeura au chevalier rebelle, que soutenait le seigneur de Montfort.

Le seigneur de Breteuil, emmené captif avec beaucoup de ses chevaliers, fut renfermé dans son propre château de Bréherval, et il eut la douleur d'ajouter à la perte d'une bataille, l'infortune plus grande encore de se voir détenu dans un lieu qui ne devait servir qu'à défendre sa liberté ; là, ses compagnons et lui essuyèrent les traitemens les plus inhumains. Le cruel Ascelin les faisait exposer, durant les rigueurs de l'hiver, aux fenêtres de ce château, couverts seulement d'une chemise mouillée, qu'un froid excessif glaçait sur le corps de ces malheureux ; et cela pour leur donner moyen d'expier leurs péchés par une salutaire pénitence, dit le moine qui nous a conservé ce trait d'une cruauté raffinée.

Cependant de telles barbaries déplurent à Richard de Montfort, en qui la haine n'avait pas étouffé tout sentiment d'humanité. Ne songeant plus dès-lors qu'à rétablir la bonne harmonie entre le suzerain et le vassal, il s'unit à Gervais de Neufchâtel, à Hugues de Montgonier et à d'autres chevaliers de distinction, pour persuader au baron de Breteuil de payer, à titre de rançon, mille livres en monnaie de Dreux, somme alors très-considérable, et de donner sa fille en mariage au redoutable Ascelin, qui retiendrait en dot la citadelle d'Ivry, des chevaux, des armes et quantité d'autres effets précieux. Guillaume souscrivit à cet accommodement ; mais la paix ne fut pas de longue durée pour le seigneur de Montfort ; car, ainsi qu'on va le voir, la jalousie de deux femmes occasionna une nouvelle guerre, dont il périt victime.

Isabelle de Montfort, dame de Nogent, sa sœur, mariée, en l'année 1077, avec Raoul II, seigneur de Conches, avait offensé, par quelques paroles piquantes, sa tante Héloïse, comtesse d'Evreux : celle-ci mit tout en œuvre pour venger cette injure, et arma, pour sa cause, le Comte son époux avec tous ses barons. Ainsi, la défiance et la dispute de deux femmes allumèrent, dans l'ame des chevaliers, la rage des combats, et firent couler le sang, ravager les campagnes, brûler les villes.

Notumque furens quid femina possit ! . . . .

Les rivales qui excitaient de telles discordes étaient courageuses, persuasives ; elles étaient belles toutes les deux, commandaient à leurs maris, opprimaient leurs vassaux de mille manières. Il y avait pourtant une diversité remarquable dans leurs mœurs : la comtesse Héloïse était rusée et éloquente, mais méchante et avare ; Isabelle de Montfort était magnifique, audacieuse, enjouée, accessible ; dans les expéditions militaires, elle allait à cheval tout armée, maniait la lance avec grâce, et n'avait pas moins de bravoure que la belle Camille dont parle Virgile, ou que la Reine des Amazones. Une foule de preux embrassa la cause d'une femme si séduisante.

Richard, cependant, prit les armes contre sa sœur ; il faisait sa cour à Héloïse par intérêt plutôt que par amour ; il suivit la fière Comtesse, afin de se ménager aussi les bonnes intentions du comte d'Evreux, son oncle, dont il était l'héritier présomptif.

Ce fut au mois de novembre 1092, que Guillaume, comte d'Évreux, accompagné de son neveu, s'avança, le fer et la flamme à la main, jusques sous les murs de Conches. Isabelle et Raoul, renfermés dans leur château fort, se préparaient à la plus vigoureuse défense, lorsque Richard de Montfort, qui assiégeait le palais épiscopal de Pierre de Cestelles et ne quittait pas la place, malgré les cris désespérés des moines, tomba percé d'un coup de trait. Sa mort causa un grand deuil aux deux partis, et fit cesser la guerre. Il fut enterré dans le cimetière de l'église Saint-Thomas, à Épernon. On ne voit nulle part que Richard ait été marié.

CHAPITRE VI.

(Espace de 13 ans.)

—

SIMON II.

SEIGNEUR DE MONTFORT.

1090. — La vaillance renommée de Simon II, surnommé le Jeune, lui avait acquis une réputation d'honneur et de bravoure répandue fort au loin. Dans les expéditions périlleuses, sa gaîté extraordinaire inspirait du courage aux plus timides. Rien n'annonce qu'à l'exemple de son frère Richard, dont il fut successeur, il ait pris parti dans les hostilités de Goël et de Guillaume de Bréteuil. Mais si le nouveau seigneur de Montfort ne demeura que le spectateur de ces débats, ce fut une politique sage et prudente qui enchaîna sa valeur dont il fournit, dans une autre occasion, les plus éclatans témoignages.

Il y avait à peu près deux ans que Simon II était seigneur de Montfort, lorsque la splendeur de son rang fut encore accrue par le mariage de sa sœur Bertrade avec Philippe Ier, roi de France.

Ce prince vivait depuis long-temps avec la reine Berthe, fille de Floris, comte de Frise, et de Gertrude de Saxe. Tout-à-coup il se sépara d'elle à cause de la parenté qui existait soi-disant entre eux, et lui ordonna de se retirer à Montreuil-sur-Mer, en attendant la décision de la cour de Rome. Bertrade de Montfort, qui était ambitieuse autant que belle, abandonna, dans le même temps, Foulques Réchin, comte d'Anjou, son mari. La possibilité de devenir reine de France l'avait sans doute sollicitée à prendre ce parti; car, peu de temps, après cette séparation, elle fit exprimer secrètement au roi Philippe le desir qu'elle éprouvait d'établir, entre elle et lui, des liaisons d'intimité. Ses propositions furent accueillies avec empressement par le monarque, qui la fit enlever dans la ville de Tours, et conduire, sous une escorte de cavalerie, à Orléans.

Le roi Philippe et Bertrade de Montfort, après avoir obtenu réciproquement un jugement de séparation, lui, contre sa femme, et elle, contre son mari, se donnèrent, à Paris, la foi du mariage. Cet hymen, doublement scandaleux, avait indigné les gens de bien; le peuple en murmurait ouvertement, la noblesse courait aux armes. Guillaume-le-Roux, le comte de Poitiers et Amaury, frère puîné de Simon, vinrent mettre le siège devant les places de *Montfort-l'Amaury* et d'Epernon, parce qu'elles tenaient pour le roi. Mais Simon II les défendit avec tant de bravoure, qu'il obligea les aggresseurs à se retirer. Une chronique de Saint-Denis dit qu'il fut fait prisonnier dans une autre occasion, en combattant encore pour la France, et qu'il était libre en 1101.

Ce fut cette même année que, Bouchard IV de Montmorency s'étant révolté, le prince Louis VI, depuis surnommé le Gros, associé à la royauté par son père, assembla, afin de châtier la désobéissance de Bouchard, des troupes auxquelles furent réunies celles d'Adèle, comtesse de Blois, qui en avait confié le commandement au jeune Simon de Montfort, en l'absence d'Etienne, son époux, parti pour la Terre-Sainte. Cette armée ravagea les domaines du comte rebelle, brûla jusqu'à son château, et le força de se rendre aux ordres du roi Philippe.

Simon II était à peine revenu de cette expédition, qu'il en entreprit une nouvelle en Normandie, en volant au secours de Guillaume de Guaders et de Renaud de Craccée, qu'Eustache, fils naturel de Guillaume de Bréteuil, voulait déposséder, sur le motif que ce dernier n'avait point eu d'enfans mâles d'Adeline de Montfort, sa femme; mais Guillaume de Guaders, et Renaud de Craccée, soutenaient qu'ils avaient droit de succéder à leur aïeule, quoique les Normands voulussent adopter Eustache, parce qu'ils préféraient un compatriote connu, à un Breton, pour leur chef : cette difficulté avait excité une guerre où périt Guillaume de Guaders. Son frère, Renaud, n'en devint que plus opiniâtre à soutenir ses prétentions, lorsqu'il se vit appuyé des forces militaires des seigneurs d'Évreux, du seigneur de Montfort et d'Amaury, son frère. Ces troupes furent encore jointes à celles de Goël et de Radulphe de Conches, qui, tout en favorisant Renaud, firent du dégât dans les campagnes de ses voisins et dans ses propres terres.

L'auteur qui nous a conservé ces faits, dit que Simon II mourut sans postérité, vers l'an 1103. Il est probable qu'il fut tué dans cette dernière campagne.

CHAPITRE VII.

—

BERTRADE DE MONTFORT,

REINE DE FRANCE.

1089. — Nous allons, sans que l'unité historique en soit entravée, suspendre un instant le récit des faits relatifs aux seigneurs de Montfort, pour nous occuper de tracer un peu plus amplement, à nos lecteurs, l'histoire de la fameuse Bertrade, dont il n'a été parlé que d'une manière succincte, au précédent chapitre. Nous remonterons jusqu'à l'époque de sa première jeunesse, et, après avoir rapporté une partie de ses actions, nous en reprendrons, au chapitre suivant, la suite, qui se lie inséparablement à l'historique des seigneurs de Montfort.

Bertrade n'avait que treize ans lorsqu'elle perdit son père, qui la recommanda, en mourant, à Héloïse, comtesse d'Evreux, sa tante. Deux ans après, elle fut recherchée en mariage, par Foulques IV, dit Réchin, comte d'Anjou, seigneur riche et puissant, mais peut-être l'homme le plus laid du royaume. On peut juger de sa personne par la structure de ses pieds : ils étaient si difformes, qu'afin d'en couvrir les inégalités, il imagina de porter une chaussure d'une dimension double de celles ordinaires ; et comme il avait le haut pas à la Cour, on suivit son exemple ; la mode vint de porter de très-longues chaussures ; ce fut même un privilége parmi les gens de condition, dont la profondeur du mérite se mesura bientôt à la grandeur de la chaussure. D'où est venu sans doute ce proverbe si connu : « Etre sur un bon pied dans » le monde. »

L'âme du comte d'Anjou n'était pas plus faite pour séduire que sa personne. Rempli de vices, dur, acariâtre, *réche*, tel que son surnom l'indique ; voilà ce comte au moral. Il avait déjà répudié deux femmes lorsqu'il s'offrit pour épouser *Bertrade de Montfort*. Bertrade, pourvue de mille charmes, ne semblait point destinée à un monstre ! L'accorder à Foulques, n'était-ce pas l'exposer comme Andromède ? Mais l'intérêt politique l'emporta sur toute autre considération.

Robert II, duc de Normandie, fut attaqué, en 1089, par les Anglais. Il demanda du secours à Foulques Réchin. Le comte d'Anjou répondit au duc Robert : « Je ne demande qu'une chose » par dessus tout : si je l'obtiens, je vole à votre secours, et, dans » tous les temps, je vous servirai en ami fidèle ; vos ennemis se- » ront les miens ; et je ne serai jamais le vôtre. J'aime Bertrade, » nièce de Guillaume, comte d'Evreux ; je vous conjure de me la » faire donner pour épouse ; j'accomplirai ensuite vos projets et » mes promesses. »

Aussitôt le comte d'Evreux fut requis de paraître devant le Duc son suzerain, pour s'expliquer à ce sujet. Guillaume assembla d'abord ses parens avec ses amis ; et, après avoir soigneusement examiné cette affaire, il se rendit au palais de Robert. « Duc, » mon maître, *lui dit-il*, ce que vous me demandez est trop con- » traire à mes sentimens et à mon honneur : vous voulez que je » livre ma nièce, encore dans un âge tendre, à un homme bi- » game ; cette nièce que mon frère a confiée à mes soins, et qu'il » a déposée entre les bras d'Héloïse mon épouse ? Certes vous » prévoyez admirablement votre intérêt ; mais le mien vous in- » quiète peu ! Vous avez dessein d'acheter, par la main de Ber- » trade, le comté du Mans qu'on vous dispute, et vous m'en- » levez mon héritage ! Ce que vous méditez est-il juste ? Je ne » ferai point ce que vous exigez de moi, si vous ne me restituez » Noyon, et les autres terres de mon oncle Raoul Fil-Etoupe ; » si vous ne restituez au seigneur de Breteuil, mon neveu, le Pont » de Saint-Pierre, et à tous deux ce qui, dans vos domaines, » nous appartient de droit héréditaire. Duc, mon maître, pesez » tout cela dans votre sagesse, rendez-moi justice, et j'obéirai à » vos ordres. »

Ayant entendu cette réponse, prononcée d'un ton ferme, le Duc, suivant l'avis de son conseil, résolut d'accorder le moins pour obtenir le plus. Il acquiesça en partie aux demandes de Guillaume d'Evreux. Ensuite le comte d'Anjou épousa Bertrade de Montfort, et partit sur le champ, pour réprimer la révolte du Mans.

Bertrade de Montfort vécut quatre années avec son mari, auquel elle donna un fils qui devint roi de Jérusalem. On a dit comment elle fut enlevée à Tours, par le roi Philippe 1er, et comment ce prince l'épousa, contre l'avis des grands de son royaume. Elle eut de ce nouveau mariage, quatre enfans, savoir :

Cécile, mariée au fameux Tancrède qui était au siège de Jéru- salem, puis ensuite à Pons de Toulouse, comte de Tripoli ;

Eustache, femme de Jean, comte d'Etampes ;

Philippe et Fleuri, à qui Louis le Gros donna pour apanage les citadelles de Mantes et Mehun, et qu'elle voulut faire monter sur le trône de France : nous allons la voir actuellement poursuivant ses desseins ambitieux, s'unir à son frère Amaury IV, septième seigneur de Montfort, pour faire périr Louis VI dit le Gros, fils du Roi son mari, et de Berthe sa première femme.

CHAPITRE VIII.

(Espace de 34 ans.)

AMAURY IV.

SEIGNEUR DE MONTFORT ET COMTE D'ÉVREUX.

1103.—En l'année 1103 ou 1104, Amaury IV, fils de Simon Ier, et d'Agnès d'Evreux, devint baron (1) de Montfort par la mort de son frère Simon II, avec lequel il avait été, pendant quelques années, divisé d'intérêts, au point de solliciter, comme on l'a vu, des seigneurs étrangers à venir l'assiéger dans son château de Montfort l'Amaury. L'expédition contre Eustache étant terminée,

---

(1) *Baron* était plus que *seigneur*, ce nouveau titre avait sans doute été donné par les rois de France aux seigneurs de Montfort, devenus plus puissans. Suger appelle Amaury IV baron de Montfort : « *Almaricus de Monti* « *forte egregius miles, baro potentissimus, vir Marte jugis acerrimus.* » Et, dans un autre endroit : « *Egregius baro Almaricus de Montiforte vir* » *illustris in gestis Ludovici Sexti.* » Telles sont les expressions de Suger.

On a trouvé dans le Cartulaire de Philippe-Auguste, que, sous le règne de ce prince, il n'y avait en France que 59 barons, dont on a conservé la liste ; et le seigneur de Montfort figure dans ce nombre.

La *baronie* était une terre qui avait toute justice (*Gloss. du droit français, par Simon de Laurière, au mot Baron.*

Plus tard on verra les seigneurs de Montfort porter le titre de *Comtes* jusqu'à ce que cette terre ait été érigée en duché, par Louis XIV.

Amaury revint prendre possession de ses domaines dont il alla faire hommage au roi Philippe Ier. A son arrivée à Paris, il se trouva au milieu des troubles occasionnés par sa sœur, la reine Bertrade, qu'on accusait hautement d'avoir attenté contre la personne du prince Louis-le-Gros, que Philippe avait eu de Berthe sa première femme. Le jeune prince se trouvait à la cour de Henri Ier, roi d'Angleterre, lorsque ce monarque reçut une lettre fermée du cachet du roi de France. On l'invitait, par cette lettre, à faire périr clandestinement Louis-le-Gros ou à le jeter dans les fers. Quoique cruel et farouche, Henri, loin de prêter la main à de telles barbaries, informa Louis-le-Gros de la conjuration formée contre sa personne, par la reine, sa belle-mère. Ce prince se hâta de revenir en France, et se jetant aux pieds du roi son père, il lui présente, dit-il, la tête d'un coupable dont la reine a dicté l'arrêt de mort. Philippe fut étrangement surpris d'apprendre cet abominable complot. Il en témoigna une vive indignation. Louis profita de cette disposition pour réclamer une justice qui lui était due ; mais Philippe aimait Bertrade, et il était trop faible pour la punir de cette action. Sa mollesse encouragea les fureurs de la reine qui, pour parvenir plus sûrement à son but, s'avisa d'abord, en magicienne habile, de faire prendre un poison lent au jeune prince, à qui un espèce de charlatan parvint à sauver la vie. On peut dire que, sans l'art, à la vérité un peu suspect, d'un médecin qu'on traitait d'ignorant à la cour, le sceptre de France eût peut-être passé dans la maison de Montfort : tant les grands événemens tiennent souvent à de petites causes !

Coupable de ce second attentat, Bertrade fut encore une fois privée du profit qu'elle en espérait ; mais il excita dans le cœur du jeune Louis l'ardeur de la vengeance. Il voulait sacrifier Bertrade à son juste ressentiment. Le roi parvint à les réconcilier ; car outre qu'il aimait Bertrade, il avait soin de ména ger un fils que sa bravoure rendait le suppôt le plus formidable de ses états, et qui devait hériter de son sceptre.

Cependant on parlait toujours de son hymen scandaleux. Le

pontife de Rome, Urbain II, était en France. Philippe le pria de légitimer son mariage. Dans un concile assemblé à Baugenci, le monarque français et Bertrade jurèrent de n'avoir entre eux aucun commerce, jusqu'à décision de l'église.

Voici le serment que Philippe prononça dans ce concile :

« Écoutez vous, Lambert, évêque d'Arras, qui représentez ici
» le Pape ; écoutez aussi, vous Archevêques, Evêques et autres,
» qui êtes présens ! Moi, Philippe, roi de France, je renonce de
» toute mon âme et sans aucun desir de me rétracter, au péché et
» habitude charnelle que j'ai eu jusqu'à présent avec Bertrade
» de Montfort, et promets de ne plus y retomber. Je déclare aussi
» que je n'aurai plus d'entretien avec elle, qu'en présence de personnes
» non suspectes. Je promets, de bonne foi, d'observer ces choses,
» comme vous l'entendez. » Et il jura sur les saints Evangiles.

Ensuite, on convoqua dans la capitale un second concile, où le mariage du Roi fut réhabilité. Philippe mourut quelques années après ; et Louis VI monta sur le trône. Aussitôt, Bertrade de Montfort et son frère Amaury IV se retirèrent de la cour et s'entendirent tous deux pour semer la zizanie dans l'état, espérant qu'à la faveur des désordres, ils pourraient, en précipitant du trône Louis-le-Gros, poser son diadème sur la tête de Philippe ou de Fleury, qui avaient déjà fait flotter l'étendard de la rébellion. Sans se mettre en évidence, Amaury IV devait seconder leur conjuration ; car, aussi prudent que brave, il se distinguait par la politique la plus astucieuse et la mieux soutenue. Foulques V, comte d'Anjou, son neveu, né de l'union de Bertrade de Montfort avec Foulques Réchin, entra, par ses conseils, dans le parti des conspirateurs. Louis-le-Gros était de toutes parts environné d'ennemis. Mehun et Mantes, places fortes appartenant à Fleury et à Philippe, furent deux points de ralliement où ils réunirent des soldats contre leur frère et leur roi. Le château de Montlhéry était également au pouvoir de Philippe. Il lui avait été apporté en dot par Elisabeth, fille héritière de Gui Troussel, seigneur de cette place, et l'un des plus intrépides brigands des états du Roi. Gui Troussel avait recherché l'alliance de Philippe, parce qu'il rencontrait en un tel gendre, un protecteur puissant contre les ravages de l'armée de Louis-le-Gros, qu'il redoutait toujours de voir fondre sur ses domaines.

Philippe, cependant, se livrait à toutes sortes de ravages; il faisait des courses dans le pays, il saccageait les cités, il pillait les églises et désolait les campagnes.

Irrité par de telles fureurs, Louis VI, à la tête de son armée, marche contre les révoltés. Il attaque Mantes, qui se rend bientôt à discrétion. Ensuite il assiége Montlhéry, où son frère Philippe était retranché. Sa résistance fut d'abord assez vigoureuse; mais à la fin la place fut remise au Roi, qui fit raser la citadelle, à l'exception d'une tour, qu'il laissa subsister, comme un monument durable de sa victoire, et qui subsiste encore aujourd'hui.

Durant ces entrefaites, Amaury et sa sœur Bertrade, qui ne doutaient pas que Philippe ne fût dépossédé de ses domaines, cherchèrent les moyens de maintenir Montlhéry dans la maison de Montfort. Amaury IV pensa parvenir à ses fins en offrant pour femme, à Hugues, seigneur de Crécy, sa fille Lucienne de Montfort, à laquelle il abandonnait Montlhéry pour dot. Cet hymen fut terminé sur le champ; et Hugues, afin de soutenir les droits que lui conférait ce mariage, partit de suite pour Castres, l'une des plus considérables cités de ses nouveaux états. Louis VI y arriva en même temps que lui, et trouva que l'on était en peine de savoir s'il reprendrait les domaines ou s'il les laisserait à Hugues de Crécy. Mais l'arrivée subite de Milon de Braye, qui réclama Montlhéry, fit cesser bientôt cette incertitude. Ce seigneur se jeta aux genoux de Louis-le-Gros, le conjurant, les larmes aux yeux, de le réintégrer dans ses propriétés, et le priant de l'employer à son service toutes les fois qu'il le jugerait à propos. Le Roi lui rendit ses domaines et le donna pour seigneur aux habitans.

Les succès, toujours croissans, de Louis-le-Gros, découragèrent à la fin les révoltés. Bertrade de Montfort, s'apercevant aussi que ses tentatives étaient sans fruit, prit le sage parti d'échanger pour le calme de la retraite tous ses inutiles projets d'ambition. Elle fonda, sans doute à titre d'acte expiatoire, le prieuré de Haute-Bruyère, de l'ordre de Fontevrault. Dans l'acte de cette fondation, le roi Louis-le-Gros qualifia Bertrade de Montfort du titre de belle-mère. Le père Claude de Chanteloup assure qu'elle y prit l'habit de religieuse et qu'elle y fut enterrée.

Bertrade, dit l'abbé Suger, était d'un courage mâle, plus puissante elle seule que tous les seigneurs ensemble. Elle était à-la-fois enjouée, et possédait, au suprême degré, cet art admirable des femmes, de soumettre leurs maris, tout en les accablant d'outrages ; elle avait tellement subjugué le comte d'Anjou, son premier mari, répudié par elle, qu'il l'adorait encore après qu'elle avait passé dans les bras d'un autre, et que souvent, assis à ses pieds, il obéissait, comme par l'effet d'un prestige, aux moindres volontés de cette belle maîtresse.

Une chronique nous apprend que le roi Philippe, ayant *sa Bertrade* avec lui, conquit, sur le duc Robert, la cité de Bourges, et reprit plusieurs châteaux que les rois ses prédécesseurs avaient donnés en usufruit à quelques gentilshommes ; le tout, est-il ajouté, par les sollicitations de Bertrade, femme remuante et qui haïssait ceux qui n'admettaient pas son mariage.

Il faut ajouter un dernier trait, pour montrer l'ascendant de Bertrade sur ses maris. Elle alla visiter, avec le Roi devenu son époux, Foulques, comte d'Anjou, qui les reçut avec magnificence ; ce qui fait croire que Foulques avait lui-même reconnu le mariage de sa femme avec le Roi.

Ici se termine l'histoire de Bertrade. On a vu par elle ce que peut une femme ambitieuse, et l'on ne doute point qu'un petit-fils des seigneurs de Montfort n'eût monté sur le trône de France, si Louis-le-Gros avait succombé par les intrigues de sa belle-mère.

Après la retraite de Bertrade, Amaury fut assez adroit pour ne rien perdre, quoiqu'il eût beaucoup risqué, bien différent en cela de ceux qui se précipitent dans l'abyme pour avoir voulu s'élever trop haut. On peut se convaincre de la puissance et de la considération dont jouissait ce seigneur, par les traits suivans.

On rapporte que Hugues de Cracée, seigneur Normand, ayant assassiné Milon de Montlhéry, vint se réfugier dans le château de Montfort, où il se battit en duel avec les parens de la victime, suivant la coutume du temps. L'asile que lui donna notre Amaury sauva peut-être les jours du criminel; car Louis-le-Gros étant venu pour combattre Hugues de Cracée, ne lui infligea d'autre punition que celle de renoncer à ses biens terrestres, pour tâcher d'acquérir ceux du ciel en se retirant dans un monàstère.

Un autre fait qui montre la puissance d'Amaury, c'est l'influence qu'il exerça dans une querelle importante élevée entre le Roi de France et Foulques le jeune, comte d'Anjou, qui fut roi de Jérusalem.

Foulques ne voulait pas rendre hommage au Roi; en effet, ce prince avait donné à Anselme de Garlande le majorat et la sénéchaussée de France, sur lesquels le comte d'Anjou ne pouvait plus prélever les revenus qui lui appartenaient comme sénéchal du royaume. Il arriva, dans le même temps, que Louis-le-Gros eut à soutenir une grande guerre contre le roi Henri, fils de Guillaume-le-Conquérant; il requit le comte Foulques de lui prêter secours. Le Comte s'y refusa, sur le motif que Louis-le-Gros l'avait déshérité de sa sénéchaussée. Amaury fut chargé par le roi d'annoncer au comte d'Anjou qu'il réparerait le tort qu'on lui avait fait. A cette condition, Foulques consentit à traiter avec son maître. Le palais du comte d'Anjou fut rempli des plus hauts seigneurs de France, pour délibérer sur cette affaire. Le baron de Montfort, à leur tête, donna le conseil à son neveu de répondre au Roi par l'entremise d'un ambassadeur, qu'il lui rendrait hommage au nom du comte d'Anjou. Ce conseil fut suivi, et alors le Roi satisfait eut lui-même une entrevue avec Foulques, sur les frontières de son comté, et lui rendit tous ses droits sur la sénéchaussée de France.

Amaury devint bientôt plus puissant encore. Guillaume, comte d'Évreux, son oncle maternel, mourut, le 18 avril de l'année 1118, sans postérité. Amaury, comme héritier de Guillaume, prétendit succéder à son comté d'Évreux; mais Henri Ier, roi d'Angleterre, s'empara du château et de la ville, sur le conseil que lui en donna Audoin, qui en était alors évêque. Aussitôt Amaury fit faire à ses troupes une incursion sur les domaines du Roi d'Angleterre; et comme il avait autant de valeur que de prudence, il lui fut facile d'engager dans sa querelle les plus belliqueux seigneurs de France, dont il était allié ou parent.

Hugues de Gornac, Etienne comte de Blois, Eustache de Bretagne, Richer de l'Aigle, Robert de Neubourg, et beaucoup d'autres Chevaliers, se révoltèrent également contre le roi d'Angleterre. Ils s'étaient engagés, sous Louis le Gros, à rétablir Guillaume Cliton, dit Courte-Cuisse, fils de Robert, dans les propriétés et les droits de son père. Amaury de Montfort était du nombre, et il entra en Normandie en même-temps que le roi Anglais.

Pendant que tous ces alliés attaquaient l'ennemi de la France, Amaury IV avisa aux moyens de rentrer dans Evreux. Cette place forte était commandée par un habile capitaine nommé Raoul de Guitot. Le baron de Montfort n'ignorait pas que, s'il risquait un siége, il sacrifierait peut-être, sans succès, la plus grande partie de ses soldats. Il préféra, pour se rendre maître de cette place, d'employer une voie plus sûre et moins meurtrière : ce fut de profiter de l'absence de Raoul de Guitot, pour engager Guillaume Ponctel son neveu, avec lequel il avait eu des liaisons d'amitié, à entrer dans ses intérêts, et à lui livrer la citadelle dont il avait le commandement. Le jeune Ponctel, pénétré de la justice de la cause d'Amaury, livra la ville, et feignit qu'elle avait été surprise par l'ennemi.

L'évêque Audoin, par qui cette guerre était allumée, avait pris la fuite; il errait dans la province et laissait croître sa barbe, comme une marque de sa profonde affliction.

Rentré dans Evreux, Amaury de Montfort, conquit bientôt par ses armes les pays environnans : il mit une garnison dans la place et en confia le commandement à ses frères Philippe et Fleury.

D'aussi mauvais succès effrayèrent le roi d'Angleterre. Il fit des offres de paix au seigneur de Montfort; celui-ci les refusa. Le Prince anglais tenta le siége d'Evreux. Philippe et Fleury firent bonne résistance Un conseil fut convoqué, où l'évêque Audoin fut d'avis qu'on brûlât la ville, et la ville fut brûlée. Mais les braves renfermés dans la place n'en furent que plus opiniâtres à la défendre contre l'ennemi.

A la nouvelle de cette extrémité, le baron de Montfort, qui s'occupait à surprendre la citadelle d'Yvry, se détourne de son projet pour voler au secours de ses frères assiégés dans le château d'Evreux. C'est à l'occasion du siège d'Ivry qu'Ordéric-Vital raconte qu'Amaury conseilla le trait de barbarie le plus affreux qu'on puisse reprocher à sa mémoire, et qui fut produit par la haine qu'il nourrissait contre le roi d'Angleterre.

Ce Monarque avait pour gendre un chevalier nommé Eustache de Paci, bâtard de Guillaume de Breteuil. Eustache demandait à son beau-père de lui remettre son château d'Ivri, qu'il retenait. Henri Ier avait promis de le lui rendre dans des circonstances plus propices. Pour garantie de sa parole, il avait donné en otage à Eustache de Paci, le fils de Raoul Harenc. En échange, Eustache avait remis au Roi, ses deux filles. Mais Eustache, sur le conseil du baron de Montfort, qui lui fit les promesses les plus flatteuses, traita cruellement le jeune Raoul Harenc. Il lui fit arracher les yeux et l'envoya ainsi mutilé à son père. Justement indigné de cette barbarie, Henri Ier remit les deux filles d'Eustache, à Raoul Harenc, pour excercer sur elles sa vengeance. Non content de faire endurer à ces victimes innocentes, la peine du talion, Raoul leur fit encore couper le nez, et les renvoya dans cet état à leur père. Cet échange d'atrocités fut une des causes qui rallumèrent la guerre entre la France et l'Angleterre.

Cependant le château d'Evreux était toujours en état de blocus.

Amaury dépêcha un courrier vers Louis VI, pour l'informer de sa situation critique, et l'engager à lui procurer le plus promptement possible des secours et des soldats. Le roi d'Angleterre, ayant apris cette disposition, abandonna momentanément le siége, et, renforcé de quelques nobles mécontens, il marcha à la rencontre de Louis le Gros. Les armées se rencontrèrent dans les champs de Brenneville. La confusion était dans les troupes Françaises; elles attaquèrent cependant avec vigueur et culbutèrent les Anglais sur leur infanterie. Les Français, se croyant vainqueurs, couraient déjà au pillage; ce fut leur perte, car Henri revint à la charge avec tant d'impétuosité qu'il les extermina. Louis VI fit de vains efforts pour rallier ses soldats; tous s'enfuirent. On rapporte qu'un officier Anglais s'étant emparé de la bride du cheval du Roi de France, celui-ci lui cria : Ne sais-tu pas qu'au jeu des échecs on ne prend jamais le roi; et aussitôt il lui asséne sur la tête un si fort coup d'épée, qu'il le jette mort à ses pieds. Après s'être ainsi débarrassé, il se précipita dans une forêt où il fit rencontre d'un paysan qui le conduisit à Andely, sans le connaître.

Amaury de Montfort ne s'était point trouvé à cette fatale journée; mais ayant été informé de l'issue, il se rendit auprès du Roi de France, et lui tint le discours suivant :

» Sire, ne vous laissez point abattre par un revers de fortune, parce que ces événemens vous sont communs avec les plus fameux et les plus habiles capitaines, et que la roue de fortune tourne sans cesse; celui qu'elle a élevé, elle l'abaisse tout-à-coup, et elle relève celui qu'elle avait abaissé il n'y a qu'un moment, en lui ôtant tout espoir. Considérez donc toutes les richesses et les forces de vos Etats, prêts à se réunir pour réparer notre défaite, et recevez de moi un conseil salutaire.

» Que les Évêques et les Seigneurs, ainsi que tous les autres Grands du royaume, se rendent auprès de vous, et qu'il vous suivent avec leurs vassaux partout où vous l'ordonnerez, afin qu'une

armée commune exerce contre l'ennemi un vengeance commune
à tous. Pour moi qui n'ai point assisté à votre dernière expédition,
je viendrai avec les miens et je vous prêterai mes conseils et mon
bras, avec une sauve-garde.

» J'ai des hommes sûrs, ajouta le baron de Montfort, des chevaliers fidèles, qui défendent mes possessions contre les troupes
de Breteuil dans un de mes châteaux où nous pourrons nous
rassembler avec sécurité. De là nous irons attaquer Breteuil qui
est dans le centre de la Normandie ; et si nous nous en empa-
rons, Eustache se joint à nous avec toutes ses forces et ses munitions. Il possède lui-même beaucoup de châteaux, entre autres
Conches et Toëny. Les barons éprouvés qui suivent sa bannière,
ne manqueront pas d'augmenter notre nombre. Commençons
donc par prendre Breteuil, qui n'osera pas nous résister dans la
crainte de voir toutes ses terres ravagées par nos soldats. »

Le Roi, charmé d'entendre ces paroles ordonna que tout fût
fait ainsi qu'Amaury l'avait conseillé. Son armée fut bientôt réunie : Amaury IV la conduisit lui-même, sous les ordres du Roi,
devant la place forte de Breteuil, que Henry Ier avait confisquée
sur Eustache, avec tous les autres domaines qu'il possédait dans
la Normandie. Mais cette expédition n'eut pas le succès qu'Amaury
avait fait envisager à Louis le Gros, car n'apercevant aucune
armée à combattre, le Roi prit la résolution d'aller à Chartres,
et de brûler cette ville, pour châtier les révoltes continuelles du
comte de Champagne. Les habitants de cette cité vinrent au-
vant de lui, le conjurant de ne point se venger sur eux de la déa
sobeissance d'un étranger. Le cœur de Louis le Gros fut touché
de leur prière, son courroux fit place à la compassion et il les
épargna.

Tandis que Louis VI donnait ainsi à l'univers des marques de
sa clémence, le pape Calixte II arrivait en France pour se
rendre médiateur entre les deux royaumes. On assembla, à Rheims,
un concile où il assista et où furent discutées les prétentions des

deux rois. L'évêque d'Evreux, depuis long-temps errant dans les environs de son diocèse, s'y rendit de son côté pour se plaindre à l'assemblée d'Amaury IV, qui l'avait, disait-il, ignominieusement chassé, qui avait incendié son Palais épiscopal et pillé ses richesses. Le chapelain du baron de Montfort, indigné qu'on déguisât la vérité, répondit avec chaleur à l'évêque Audoin :

« De quoi vous plaignez-vous ? C'est votre mauvais conseil et
» non pas Amaury IV, qui est cause que vous avez été expulsé
» et que votre Palais a été réduit en cendres. Le comte d'E-
» vreux (Amaury) a récupéré avec honneur, et avec l'assis-
» tance de ses amis, une propriété qui lui appartenait légiti-
» mement, et dont Henry Ier l'avait dépouillé contre toute
» équité, contre toute justice. Le Roi d'Angleterre a campé
» devant Evreux, il en a fait le siége; et, par votre perfide
» conseil, on à mis le feu aux temples et aux habitations. Il
» s'est retiré après cette désolation, sans avoir pu encore s'em-
» parer de la forteresse. Que le Saint Concile examine donc et
» décide, qui, d'Amaury ou d'Audoin, est coupable de l'in-
» cendie! »

Cette explication occasionna une grande rumeur dans l'assemblée; deux partis se formèrent, dont le premier fut en faveur du baron de Montfort, et le second pour Audoin, qui sortit sans avoir obtenu de satisfaction de la part du Concile.

Le siége d'Évreux, que Henri avait suspendu pour aller livrer bataille au roi Louis VI, allait être repris avec un nouvel acharnement, lorsque Thibaut, comte de Champagne, neveu du monarque anglais, entreprit de réconcilier Amaury avec son oncle. Il avait une grande estime et beaucoup d'amitié pour ce seigneur, qu'il peignit à Henri comme pouvant lui être de la plus grande utilité, à cause de ses vertus guerrières et de sa famille puissante en Normandie: « *Oui*, dit Henri, *c'est dommage qu'Amaury ait le*
» *le cœur français, il serait le plus brave de tous les Normands.* »

En faisant cette réponse, le roi avait pris un visage riant qui permit au comte de Champagne de bien augurer de son projet de réconciliation et de prier son oncle de ne pas trouver mauvais qu'il lui présentât le seigneur de Montfort. Henri ne demandait pas mieux. Amaury lui fut présenté; il lui fit beaucoup d'accueil. Amaury, d'abord touché de la réception du roi, lui rendit la forteresse et reçut de lui l'investiture du comté et de toutes les terres dépendant de la succession de son oncle Guillaume d'Évreux. Mais malgré cette restitution, il n'en ressentit pas moins l'injure qui lui avait été faite, et ne négligea pas dans la suite les occasions de s'en venger.

Un raccommodement en amène souvent un autre: Amaury travailla à celui-ci; le comte de Bréteuil et Julienne, sa femme, s'étaient révoltés contre le roi d'Angleterre. Julienne, fille de ce prince, était accusée d'avoir voulu l'assassiner au siége de Bréteuil, en feignant de se rendre. Il n'en fallait pas tant pour établir la brouille entre le gendre et le beau-père. Cette brouille cessa par les soins d'Amaury. Henri Ier fit venir le comte de Bréteuil et sa femme à Rouen, où il leur pardonna d'avoir attenté sur sa personne.

Cependant la faction du fils de Robert existait toujours. Henri était regardé par les Normands comme un indigne usurpateur, et ils manifestaient le plus grand desir d'avoir Guillaume Cliton pour leur duc. Celui-ci avait clandestinement renoué ses intrigues avec la noblesse de sa province; Amaury de Montfort, tout en se prêtant à ses intentions, lui conseillait de ne rien brusquer et d'agir prudemment jusqu'à ce qu'il fût certain d'être suffisamment appuyé dans sa cause. Il engagea Foulques le jeune, comte d'Anjou, son neveu, à donner en mariage à Cliton, Sybille, sa fille cadette, avec le comté du Maine pour dot. Le comte de Montfort, assuré des secours et de la protection du jeune Foulques, s'occupa, avec plusieurs autres seigneurs assemblés à la Croix-Saint Leuffroy, au mois de septembre de l'année 1122, de négocier le rétablissement de Guillaume Cliton dans les domaines de ses ancêtres. Ceux qui faisaient partie de cette ligue étaient: Valeran, comte de

Meulan, Hugues IV, baron de Montfort-sur-Rille et d'autres chevaliers de marque. Henri, informé de leur projet par des agens secrets qu'il avait placés dans le canton, franchit les mers; il arrive dans la province, en 1123, fait venir Hugues IV à Rouen et lui ordonnne de lui rendre son château de Montfort-sur-Rille. Hugues feint d'y consentir. Le roi envoie sur-le-champ un détachement pour prendre possession de cette place. Mais Hugues s'était enfui clandestinement; il avait pris le pas sur le détachement et était arrivé au château pour avertir sa femme de se tenir en garde contre les gens du roi d'Angleterre qui allaient arriver pour recevoir les clefs de la forteresse. Ils arrivent en effet; mais la résistance inattendue qu'ils éprouvent devant Montfort-sur-Rille, les oblige de s'en retourner. Le roi d'Angleterre, s'y rendit lui-même à la tête de son armée. La ville fut prise et incendiée; mais les assiégés ne rendirent la citadelle qu'au bout d'un mois. Henri dirigea ensuite sa marche sur Évreux, qu'il surprit pendant l'hiver; confia le commandement du château à Ranulphe de Bayeux, capitaine très-expérimenté, qui lui était des plus dévoués.

Ce châtelain, ayant été informé par ses espions qu'Amaury de Montfort et d'autres seigneurs confédérés allaient conduire un convoi à la tour de Vatteville, assiégée par les Anglais, résolut de s'en emparer. Il se mit à la tête de trois cents chevaliers et d'un nombre considérable d'archers et vint se poster auprès du bourg de Téroulde. C'était au mois de mars de l'année 1124. Ses ennemis, instruits de l'embuscade, tinrent conseil. Le baron Amaury de Montfort, que l'âge et l'expérience avaient instruit, voulait éviter le combat par la retraite plutôt que d'exposer trois cents gentilshommes à se mesurer contre douze cents cavaliers que Ranulphe pouvait avoir sous ses ordres. Mais Valeran, comte de Meulan, jeune homme plein de feu, qui ne cherchait partout que les occasions de signaler sa vaillance, rejeta ce salutaire avis et engagea l'action avec d'autres seigneurs.

La victoire n'hésita pas long-temps. Elle fut pour les royalistes, qui mirent les ennemis en fuite, en tuèrent beaucoup et firent environ quatre-vingt-cinq chevaliers prisonniers. Le baron Amaury de Montfort, qui fuyait à toutes brides, fut poursuivi long-temps par Guillaume de Grand-Cour, fils de Guillaume comte d'Eu, qui, l'ayant arrêté, le désarma. Mais, dirigé par un sentiment de commisération pour un chevalier aussi distingué que l'était Amaury, et pressentant d'ailleurs qu'en le faisant prisonnier, le roi d'Angleterre, qui le redoutait, ne manquerait pas de le condamner à un cachot perpétuel, ou de ne le relâcher que sous les conditions les plus rigoureuses, il prit la résolution généreuse, autant que sublime, de lui donner la liberté et même de s'exiler avec lui hors du territoire soumis à la domination anglaise, abandonnant ainsi les faveurs de la cour, ses propriétés et son pays plutôt que d'exposer à de mauvais traitemens un ami illustre par ses exploits et sa naissance. Amaury et son libérateur s'échappèrent jusqu'à Beaumont, d'où ils se rendirent ensemble auprès de Louis-le-Gros, qui les reçut avec plaisir et les employa dans ses expéditions en attendant qu'une occasion favorable permît au généreux Grand-Cour de rentrer sans risques dans sa patrie : elle se présenta bientôt, et celui à qui il venait de rendre la liberté, n'oubliant point un si grand service, s'était empressé de lui témoigner sa reconnaissance en faisant naître promptement cette heureuse occasion. Voici comment il s'y prit :

Depuis quelques mois, il s'apercevait qu'il ne lui restait aucune ressource, et pensant à ce qu'il deviendrait, il se mit en mesure de demander la paix. Le roi d'Angleterre, qui la desirait aussi, la lui accorda et lui rendit ses domaines avec ses prérogatives. Amaury profita de ses bonnes dispositions pour le prier de lui accorder aussi la grâce de Guillaume de Grand-Cour.

Henri hésitait encore ; mais considérant le dévouement de ce brave chevalier, il se laissa aller aux supplications d'Amaury et lui accorda cette nouvelle faveur. Le baron de Montfort fut si touché de ces procédés, qu'il fit serment d'être tout dévoué aux intérêts du souverain anglais, qui l'engagea, de son côté, à bien vivre avec Audoin, son évêque. Ce prélat revint en effet se fixer pour toujours à Evreux, où il s'occupa à faire rebâtir les églises en ruines, et notamment celle placée sous l'invocation de Saint-Sauveur, qu'Amaury dota. Amaury s'était trouvé avec Louis-le-Gros à l'abbaye de Morigny, lorsque le pape Callixte II en consacra l'église, en 1122.

Au mois d'août de l'année 1124, le roi d'Angleterre, sentant qu'il n'était pas assez puissant pour s'opposer aux restes du parti de Cliton, s'unit lui-même avec l'empereur d'Occident Henri V, son gendre, pour fondre sur la Champagne; mais Amaury de Montfort, commandant en chef l'armée du Vexin Français, en l'absence du roi Louis-le-Gros, rendit vains tous leurs efforts; il battit complètement les Anglais.

Voici comment s'exprime à ce sujet une ancienne chronique.

« Henri s'avançait sur les frontières de France, dans l'intention de tout ruiner; mais Amaury de Montfort, prince très-prudent, magnanime et vaillant, étant appuyé de ceux du Vexin et des forces de sa terre, s'opposa si gaillardement qu'il l'obligea de se retirer. »

L'abbé Suger place ce fait en l'année 1121. « Lorsque le roi Henri fit, dit-il, une invasion sur le sol français, un seul baron, mais des plus habiles à la guerre et des plus courageux, Amaury de Montfort, le repoussa. »

Après sa défaite, le Roi d'Angleterre fit une paix qui fut enfin durable; et lorsqu'il passa par Evreux quelques temps après, pour se rendre à un concile, il fut logé chez le comte Amaury de Montfort, à qui il prodigua les preuves d'estime et d'amitié les plus sincères.

On vit pour la première fois, dans cette guerre contre l'empereur Henri V, flotter l'oriflamme devant les milices françaises; c'était une espèce de gonfalon de taffetas couleur de feu, sans figures ni broderies, fendu par le bas en trois endroits, ce qui formait trois queues, bordé de houpes de soie verte et fixé au bout d'une lance dorée. Nos rois allaient la prendre autrefois sur l'autel des martyrs à Saint-Denis, avant de partir pour quelque expédition militaire, et la rapportaient en grande cérémonie quand la campagne était terminée.

Amaury IV avait à peine mis bas les armes, qu'appelé par son souverain, il se trouva dans la nécessité de les reprendre pour voler avec lui au secours de l'Evêque de Clermont, que le comte d'Auvergne avait chassé de son siége épiscopal. Accompagnés du comte d'Anjou, du duc de Bretagne et du comte de Nevers, ils se rendent en Auvergne, dont ils forcent le passage à travers les montagnes. Ils établissent un blocus devant Clermont, qu'ils prennent bientôt par composition ; ils contraignent le duc d'Auvergne de rétablir l'Evêque dans tous ses droits , honneurs et priviléges.

Le baron de Montfort avait été l'un des plus zélès défenseurs des intérêts de son souverain : il en devint tout-à-coup l'ennemi le plus implacable. La disgrace d'Etienne de Garlande, son oncle, ancien sénéchal de France , avait occasionné son mécontentement. Cette charge était alors la première du royaume , et le comte de Garlande la regardait comme un héritage, puisqu'il en avait été pourvu par la mort de son frère , qui avait succédé lui-même à Anseau de Garlande, son aîné. Cependant , il en fut dépouillé parce qu'il déplaisait à la Reine , à qui il avait fait essuyer plusieurs mauvais traitemens. Etienne pouvait mériter cette disgrace ; car c'était un homme hautain , ambitieux , aimant à dominer. Etant fort riche , il pouvait faire beaucoup de mal ; il tenta d'en faire, en effet, en s'unissant à son neveu Amaury de Montfort, en faveur duquel il avait donné la démission de sa charge, dans le dessein, si la cour n'acquiesçait pas à cet accommodement, de susciter la guerre pour venger l'affront qu'il en avait reçu. Tout arriva comme il avait pu le prévoir. Amaury demanda, non pas à être pourvu en titre de cette charge , mais que le comte Etienne de Garlande y fut réintégré. Cette arrogance déplut au Roi : il refusa. Amaury sur le champ courut aux armes. Le comte de Champagne et le Roi d'Angleterre s'unirent à lui.

Le Roi de France voyant que cette révolution pouvait devenir sérieuse, tenta , auprès du seigneur de Montfort, plusieurs moyens d'arrangement qui ne furent pas accueillis. Ce seigneur resta continuellement inébranlable Son armée , qui était considérable, se répandit dans les environs de Paris , et les ravagea. Le Roi s'étant mis en marche contre les révoltés , sans qu'ils eussent eu le temps de se réunir , les vainquit bientôt. Il vint ensuite assiéger le Château de Livry, appartenant au sire de Montfort. Après une longue et opiniâtre résistance, la place est emportée d'assaut , et le Roi lui-même est blessé à la cuisse. Raoul, comte de Vermandois , dont il était accompagné , perdit un œil dans cette affaire. Les révoltés cependant implorèrent la miséricorde du vainqueur. On leur fit grace , moyennant qu'Etienne de Garlande et Amaury de Montfort remettraient au Roi la charge qui faisait l'objet de la guerre. La démission fut donnée , et le comte de Vermandois fut sur le champ investi de la sénéchaussée, pour récompense de ses loyaux services.

On ne peut accuser Montfort d'inhabileté dans cette guerre. On lui avait promis des secours qui , n'étant pas arrivés , l'avaient empêché de soutenir plus long-temps ses droits. Tout ce qu'on pourrait lui reprocher, c'est d'avoir, par son défaut d'égards, mis un Roi qui l'aimait dans la nécessité de conférer à un autre, un poste que , par ses talents militaires et sa rare pénétration , il aurait su remplir un jour honorablement.

Mais la victoire avait rendu Louis VI généreux ; il fit sa paix avec Amaury, et lui proposa , en 1132 , de l'accompagner dans une seconde expédition qu'il entreprit contre le comte d'Auvergne, qui avait renouvelé ses mauvais traitements envers l'évêque de Clermont. Ils franchissent ensemble les montagnes. Ils prennent en courant plusieurs citadelles. Ils arrivent sous les murailles de Montferrand. A la vue de l'armée du Roi, les assiégés se retirent dans une tour inexpugnable , qui est comme le donjon de cette cité ; ils font une vigoureuse résistance. On les attaque en vain. Le Roi, impatient de rencontrer tant d'obstacles, consulte Amaury, et le charge seul du soin de prendre la citadelle, par quelque moyen expéditif. Le rusé capitaine dresse aussitôt une embûche aux assiégés. Ils sortent, et quelques-uns sont fait prisonniers. Amaury leur fait couper à chacun une main, et les renvoie, portant de l'autre cette main coupée à leurs camarades. Ce spectacle barbare effraya tellement la garnison qu'elle n'osa plus faire de sortie et que les assiégés se soumirent.

Il paraît que le baron de Montfort, après cette campagne, vécut en paix jusqu'à sa mort, arrivée en 1137 ; il avait été fiancé à la fille de Robert, comte de Meulan, laquelle lui avait été accordée à l'âge d'un an. Mais ce mariage n'eut pas lieu quoiqu'il formât l'un des articles du traité que Robert, à la suite des discordes qui s'étaient élevées entre lui et Goël, fit avec Guillaume, comte d'Evreux, oncle d'Amaury, vers l'an 1107. Ce fut Richilde, fille de Beaudoin II, comte de Hainaut, qu'Amaury épousa en premières noces, et dont il fut obligé de se séparer, l'an 1118, après en avoir eu Lucienne, mariée à Hugues de Crécy, fils de Guy le Rouge, comte de Rochefort.

D'Agnès sa seconde femme, fille d'Anseau de Garlande et de dame de Rochefort et de Gournay, il laissa trois fils : Amaury, Simon et Robert, avec une fille appelée Agnès de Montfort, qui fut femme de Walcran II, comte de Meulan, auquel elle apporta en dot la seigneurie de Gournay sur Marne.

Amaury fut plus politique que religieux, du moins si l'on en juge par le peu de rapports qu'il eut avec l'église d'après les cartulaires qui nous restent. On ne trouve de lui qu'une dotation : ce fut celle qu'il fit de l'église paroissiale de Houdan, à l'abbaye de Colombe, et que confirma Simon de Montfort, son fils, comte d'Evreux.

CHAPITRE IX.

(Espace d'environ 3 ans.)

—

AMAURY V,

SEIGNEUR DE MONTFORT.

1137.—C'est une chose singulièrement bizarre que la différence des humeurs et des inclinations dans les membres d'une même famille. L'un naît généreux, magnifique ; l'autre intéressé, avare. Le génie turbulent de celui-ci l'entraîne vers des idées toutes belliqueuses. La faiblesse de celui-là ne lui fait trouver de bonheur que dans un silencieux repos. Tel nous paraît avoir été la penchant d'Amaury V. Il ne reste de lui qu'un nom sans gloire et qui semble n'avoir échappé à l'oubli des temps, que parce qu'il était utile de le conserver pour ne point rendre incomplet l'ordre hiérarchique des événemens qui composent l'histoire de son illustre famille. ·

Amaury V succéda, en 1137, à son père Amaury IV, dans les états de Montfort, et à sa mère Agnès de Garlande, dans les seigneuries de Rochefort et de Gournay. Au bout de trois ans, il mourut sans avoir été marié, selon la chronique de Robert.

CHAPITRE X.

(Espace de 41 ans.)

—

SIMON III, dit LE CHAUVE,

SEIGNEUR DE MONTFORT ET COMTE D'ÉVREUX.

1140. — Simon IIIe du nom, seigneur de Montfort et comte

d'Evreux, surnommé le Chauve, était frère et successeur d'A-
maury V.

Il avait épousé en premières noces, une dame nommée Mahaut
dans une Charte de l'Abbaye de Colombe; mais cette dame étant
morte sans avoir eu d'enfans avec lui, il épousa en secondes
noces, vers l'an 1155, Amicie, fille de Robert de Beaumont,
surnommé *aux Blanches Mains*, comtesse de Leycester, en Angleterre, et de Pérenelle de Grand-Ménil. C'est probablement à
cause de cette alliance, que Simon III embrassa le parti d'Henry
II roi d'Angleterre, et qu'il mit, l'an 1158, en son pouvoir, ses
forteresses *de Rochefort*, *d'Épernon*, *de Montfort l'Amaury*, et
plusieurs autres qu'il avait en France, pour s'en servir, suivant la
Chronique de Normandie, contre le roi Louis VII, son souverain
légitime.

Il existe, parmi les habitans de cette dernière ville, une tradition
orale qui attribue aux Anglais la construction de l'église métro-
pole de Saint-Pierre. Cette tradition peut bien avoir quelque fondement; car Montfort ayant été, comme on l'a vu, au pouvoir
d'Henry II, roi d'Angleterre, il paraît presque asssuré, quoiqu'on
n'ait rien de positif sur la fondation de l'Église, que *cette fondation
doit remonter à l'année* 1158, temps où les Anglais étaient en possession de cette place forte, et qu'ils auront au moins dirigé le
plan de l'édifice, puisqu'on a remarqué qu'il avait de grandes
ressemblances avec les églises d'Angleterre, et que des voyageurs
de ce pays ont fait la même remarque.

Les Anglais, durant l'occupation de cette place de guerre, ra-
vageaient les environs de Paris, et interceptaient toutes les com-
munications de la capitale avec Étampes et Orléans; ce qui
obligea Louis VII, dit le Jeune, à conclure, au mois de mai
de l'année 1159, une paix avec Henry II, monarque d'Angleterre.

Mais tandis que la paix s'établissait d'un côté, la guerre se déclarait sur un autre point. Simon III se vit attaqué, en l'année 1171, par

les fils d'Ascelin Goel, Guillaume Lupel et Roger Balbis; mais il fondit bientôt sur leurs terres, qu'il ravagea.

Une autre guerre allait s'allumer, à l'occasion d'une querelle qu'eurent ensemble Simon de Neauphle et Simon de Maurepas, gens de condition. Cette querelle avait été poussée si loin qu'ils en étaient venus aux mains, et que le sire de Maurepas avait été tué par son adversaire (1). Les uns cependant demandaient justice et vengeance du meurtrier; les autres voulaient le soustraire à la peine qu'il méritait. L'affaire fut arrangée par le seigneur de Montfort, qui condamna Simon de Neauphle à donner à l'église de Bazainville, toutes les terres et les revenus qu'il possédait en ce village.

Simon-le-Chauve avait doté sa sœur Agnès, en la mariant avec Valeran comte de Meulan; il lui avait donné la terre de Delahaye de Lintot avec toutes ses dépendances, et des rentes à prendre sur celles de Cravent, ainsi que nous l'apprend une charte de l'abbaye de Préaux. Elle eut encore la terre de Gournay, puisqu'on voit son époux Valeran en jouir en l'année 1157.

Le comte Simon de Montfort mourut, l'an 1181, laissant de son mariage avec la comtesse Leycester, dont les biens passèrent dans la maison de Montfort, trois fils et deux filles : l'aînée appelée Bertrade, épousa, l'an 1171, Hugues de Chester, qui mourut en 1181; la seconde, Pérenelle, eut pour mari Barthélemy, seigneur de Roye, grand-chambrier de France, fondateur de l'abbaye de Joyenval, où elle fut enterrée avec son époux Amaury VIe du nom, qui suit; Simon IV, qui lui succéda, et Guy de Montfort, seigneur de la Ferté Aleps en Beauce et de Castres en Albigeois.

La comtesse de Montfort se remaria à Guillaume des Barres;

____

(1) C'était alors plus que jamais la fureur des duels. Gondebaut, roi des Bourguignons, avait introduit cet usage barbare. Par sa loi Gombette, il obligeait les témoins qui déposaient dans un procès, à soutenir la vérité de leur témoignage à la pointe de l'épée.

elle en eut un fils qui fut le chevalier le plus renommé de son temps. Elle succéda ensuite à son frère Robert, tant au comté de Leycester qu'aux autres biens qu'il avait en France, et qu'elle échangea avec le roi Philippe-Auguste, pour la seigneurie de Saint-Léger en Yvelines.

CHAPITRE XI.

(Espace de quelques mois.)

AMAURY VI,

SEIGNEUR DE MONTFORT ET COMTE D'ÉVREUX.

1181. — Amaury VIe du nom, seigneur de Montfort, fils aîné du comte Simon III et d'Amicie sa femme, eut en partage le comté d'Evreux. Il avait épousé, avant l'année 1182, Mabille, fille aînée de Guillaume Ier du nom, comte de Glocester, et de Havise de Beaumont, cousine germaine de sa mère et proche parente de Richard qui fit ce mariage. Ainsi Amaury VI, fut comte de Glocester, à cause de sa femme ; mais comme il n'en eut point d'enfans, ni de Mélisande de Gournay, sa seconde femme, fille de Hugues de Gournay et de Julienne de Dammartin, il vendit son comté d'Evreux au roi Philippe-Auguste, l'an 1200, en présence de Beaudoin, comte de Flandre, de Thibault comte de Champagne, du comte de Blois et du comte de Dreux.

Il mourut avant la comtesse Amicie, sa mère ; et Simon IV, son frère, continua la postérité masculine de la maison de Montfort.

CHAPITRE XII (1).

(Espace de 37 ans.)

SIMON IV, dit LE MACHABÉE,

SEIGNEUR DE MONTFORT ET COMTE DE LEYCESTER.

> L'histoire d'un homme est presque toujours celle de l'injustice de plusieurs.
>
> *L'abbé de Saint-Pierre.*

1181.—Simon IV, deuxième fils de Simon III, lui succéda dans la baronie de Montfort-l'Amaury, après la mort de son frère. Plusieurs années s'étaient écoulées sans qu'il eût fait parler de lui, lorsqu'il forma la résolution de passer en Palestine sur les vaisseaux des Vénitiens; mais ces républicains, dont la politique était fine, obligeaient les seigneurs français embarqués sur leurs vaisseaux, à servir leur gouvernement dans le siége de Zara, avant qu'ils se rendissent en Palestine. Le maréchal de Villehardoin dit que la guerre déclarée par cette république au roi de Hongrie, auquel appartenait Zara, était juste. Selon les autres historiens, c'était une injustice manifeste; et le pape Innocent III envoya l'ordre à l'abbé de Vaucernay d'excommunier les Vénitiens et les Croisés, s'ils n'en levaient promptement le siége. Cet abbé se disposait à exécuter les intentions du pontife, quand les Vénitiens, qui avaient tout espéré de la générosité des Français, et qui commençaient à

---

(1) Ce chapitre et le suivant sont extraits, en grande partie, de l'ouvrage de Jean-Baptiste Langlois, ayant pour titre : *Histoire des Croisades contre les Albigeois.*

tout craindre de la délicatesse de leur conscience , en furent tellement indignés que , sans avoir égard à l'illustre naissance de l'abbé
ni au rang que lui donnait la commission du Pape, ils voulurent le
poignarder ; mais Simon de Montfort , Guy, son frère, et Simon
de Neauphe-le-Château , alors connétable de France, firent tête
aux Vénitiens , et arrachèrent de leurs mains l'abbé encore vivant.

Malgré la défense du Pape, le siége fut recommencé , et Zara
emportée d'assaut , le 24 novembre de l'année 1202.

L'année suivante, les Croisés ayant formé le dessein d'aller réintégrer dans son gouvernement Isaac l'Ange , empereur d'Orient,
qui avait été détrôné par son frère, Simon de Montfort et Guy,
son frère, ne voulurent point faire partie de cette seconde campagne. Simon se retira , et fut offrir son bras au roi de Hongrie :
il ne le servit pas long-temps, car ce prince mourut cette même
année.

Après la mort du roi de Hongrie, Simon se rendit en Palestine , où il signala sa vaillance par des exploits plus illustres qu'a-
vantageux. Les Rois de France et d'Angleterre avaient concouru
pour lui conférer le commandement de la flotte et des troupes qui
partirent avec lui pour délivrer la Terre-Sainte.

Thibault, comte de Champagne , et Louis, comte de Blois ,
étaient avec lui.

Geoffroy de Villehardoin dit : « Avec ces deux comtes, se
» croisèrent deux mult halt barons de France, Symons de Mont-
» fort et Renauz de Montmirail. Mult fu gran la renommée par
» les terres, quant cil deux halt homes s'encroisèrent. »

Simon de Montfort réussit au-delà de ce qu'on attendait de lui;
car encore bien que les pluies et le froid qui suivirent son débar-
quement ne lui permissent pas de joindre les Sarrazins, il profita
si à propos des divisions qui partageaient ces infidèles, qu'il les fit
consentir à accorder aux Chrétiens le même traité que Richard
Cœur-de-Lion , roi d'Angleterre , les avait obligés de signer,

après ses victorieuses campagnes où il avait si souvent ruiné les forces des Sarrazins.

Simon resta cinq ans dans son expédition, et revint en France précédé d'une renommée déjà grande, mais qui était peu de chose en comparaison de celle qu'il s'acquit par la suite. A cette époque, un procès s'étant élevé entre l'abbé de Saint-Denis et Mathieu de Montmorency, les contestans choisirent tous deux pour arbitre le baron de Montfort, qui jugea l'affaire en faveur de l'abbé, sans que Mathieu de Montmorency revînt contre cette décision. Ce fait, peu important en lui-même, montre déjà la considération que Montfort s'était acquise aux yeux de la noblesse française.

A cette même époque, Simon trouva sa patrie désolée par une foule de sectaires, qui raisonnaient sur la religion, chacun à sa façon. On les désigna tous sous la dénomination générale d'Albigeois, parce qu'Alby se trouvait plus particulièrement rempli de ces nouveaux dogmatiseurs. D'autres pensent que le nom d'Albigeois, donné à ces sectateurs, vient de ce qu'ils ont été la première fois condamnés comme hérétiques, au concile tenu dans la ville d'Alby, en 1176. On les appelait encore Manichéens. Quoi qu'il en soit, ils ne voulaient d'autres lois que l'Evangile, et prêchaient la même doctrine qu'adoptèrent depuis les protestans; c'est-à-dire qu'ils admettaient dans l'univers deux principes égaux en puissance.

Ce ne pouvait être là, dit l'abbé Bernier, un juste motif de leur porter la guerre, puisque les chrétiens d'alors admettaient, comme ceux d'aujourd'hui, un Dieu tout-puissant, dont le démon peut à chaque instant renverser les projets, et qu'on ne voit pas que ce dogme de notre religion soit plus orthodoxe que celui des Albigeois, qui avaient une opinion absolument semblable à la nôtre.

Mais il existait une fureur de croisades, une zèle religieux, ou plutôt fanatique, qui détermina les princes de la France à tourner leurs armes, non plus contre les infidèles d'Afrique ou d'Asie, mais contre des chrétiens de leur pays, parce qu'il ne pensaient pas tout-à-fait comme eux sur quelques autres points de doctrine

peu importans. Pour apporter un remède à cette prétendue hérésie, il formèrent le projet d'une ligue sacrée, sous le titre de
croisade; et, comme l'a dit le président Hainaut, « *Le pape In-*
» *nocent III fut l'auteur de cette guerre ; Dominique en fut l'apôtre ;*
» *Raimond VI la victime ; et Simon , comte de Montfort-l'Amaury, le*
» *chef.* »

C'était vers la fin du douzième siècle, sous le règne de Philippe Auguste, quarante-deuxième roi de France, que le pontife
de Rome, Innocent III, à la sollicitation de ce monarque et des
moines de Cîteaux, leva la bannière de la Croix. Bernard, abbé de
Clairvaux, Albéric légat du pape, et Geoffroy, évêque de Chartres se rendirent à Toulouse où régnait le comte Alphonse, fils de
Raimond IV. Ils étaient parvenus, par leur éloquence et leur
adresse à fortement attacher le comte Alphonse à ce qu'ils appellaient la cause religieuse. Mais ce prince périt assassiné et Raimond V, comte de Toulouse, lui succéda. Il était du parti des
Croisés, et pouvait être le seul obstacle que trouvassent les Albigeois. Il mourut ; son fils Raimond VI devint son successeur.
Raimond VI pouvait avoir alors 38 ans. Un auteur a dit de lui,
qu'il avait une justesse d'esprit supérieure à son siècle ; qu'il supportait les hommes qui avaient le malheur de se tromper, pourvu
qu'ils fussent bons citoyens, et que sa tolérance fut son crime.

M. de Florian, dans ses notes sur la Galathée, nous parle ainsi
du comte de Toulouse : « Au milieu de ses adversités, Rai
» mond VI fit voir un courage, une patience, une sagesse à toute
» épreuve ; cédant à l'orage quand il était sans ressource , repre
» nant les armes dès qu'il trouvait des soldats, soumis à l'église,
» fier avec les brigands qui abusaient d'un nom sacré, il reprit
» Toulouse et presque tous ses domaines. »

Son adversaire, Simon IV de Montfort-l'Amaury, dit l'abbé
Vély, « était un grand homme de guerre, très-renommé par l'in
» trépidité de son courage, plus célèbre par la pratique d'une vertu
» qui donnait une haute idée de sa probité. Les dévots, séduits
» par les dehors d'une piété apparente, le nommaient le Ma

» chabée de son siècle, le défenseur de l'église, le soutien de la
» religion ; les gens du monde, qui jugaient de ses sentimens par
» ses actions, l'accusaient de l'ambition la plus fine et la plus
» violente: tout annonce que le zèle de la religion réglait moins
» ses entreprises que l'envie de s'agrandir ; on ne peut néanmoins
» lui refuser les qualités de grand capitaine, la prudence, l'acti-
« vité, la bravoure, la constance et le bonheur (1). »

Raimond cependant ne laissait pas d'être violemment agité par l'inquiétude que lui causait la nouvelle d'une croisade à la tête de laquelle se trouvait l'élite de la noblesse française. En effet ceux qui en faisaient partie étaient le duc de Bourgogne, le comte d'Auxerre, le comte de Nevers, Simon de Montfort-l'Amaury, comte de Leycester, avec une foule d'autres chevaliers. On y remarquait encore tout ce qu'il y avait de plus illustre dans le haut clergé; c'étaient l'archevêque de Sens, les évêques de Nevers, de Cler-mont, d'Autun ; l'abbé de Citeaux, général de l'armée sans en avoir le titre, Dominique de Gusmanze, l'abbé de Vaucernoy, l'é-vêque de Paris, qui avait engagé le pontife romain à publier la croisade contre les malheureux Albigeois, et le père Matthieu, fondateur de l'ordre des jacobins (2).

---

(1) Voici un autre portrait de Simon de Montfort, tracé par Arnaud Sor-bin, prédicateur de Charles IX,

« Le comte de Montfort, dit-il, était d'excellente extraction, robuste et beaucoup exercé aux armes ; et, pour nous approcher à parler de sa forme, il était grand, avait belle perruque et élégante face, beau regard, éminent des épaules, les bras étendus : en général élégant en tout son corps, agile et adextre de tous ses membres, et de nulle partie de son corps méprisable, voire entre ses envieux; il était facond et affable, familier et aimable en co-habitation, et en chasteté très-net, et le premier en humilité, orné de sa-gesse, ferme en son propos, en conseil provident, juste en jugement; aux exercices de la guerre prompt; en toutes ses affaires bien avisé; grave à commencer les actes, et non jamais lassé à les poursuivre, adonné du tout au service divin. »

(2) Le père Matthieu était né à Montfort-l'Amaury, et avait fait ses étude

L'armée des Croisés était forte d'environ cinq cent mille hom-mes. Ce nombre paraît exagéré ; aussi Mathieu Pâris dit-il, en son histoire d'Angleterre, qu'il n'avait jamais vu une armée si grande. Néanmoins cela se conçoit si l'on refléchit que cette guerre était une espèce de pélerinage pour remettre les péchés de ceux qui l'entreprenaient, et qui n'étaient tenus d'y rester que qua-rante jours, chose très-avantageuse, en ce qu'on n'avait pas besoin de passer les mers, comme dans les autres croisades, pour gagner des indulgences ; c'est ce qui fit sans doute que l'armée des nou-veaux croisés fut d'abord si forte.

Tandis que cette armée descendait sur le Rhône, le comte de Toulouse, qui craignait de voir ravager les terres de ses domaines, marcha le premier à la rencontre des Croisés jusqu'à Valence. Il leur offrit de recevoir garnison dans ses places ou de leur donner son fils ou sa personne en otage, pour leur prouver qu'il était bon catholique. Rien ne put convaincre cette ligue de fana-tiques, qui ne songeaient qu'à gagner des indulgences et à piller le Languedoc. Ils se rendirent à Béziers, qui passait dans ce temps-là pour une ville inexpugnable. Il leur fallut toutefois peu de temps pour se rendre maîtres de cette ville, qu'ils réduisirent en cendres après avoir égorgé plus de soixante mille de ses habitans. Béziers renfermait dans ses murs des catholiques et des hérétiques, de sorte que les soldats ne savaient comment les distinguer. « Tuez-» les tous, dit pieusement l'abbé de Citeaux : Dieu saura bien re-» connaître ceux qui lui appartiennent. »

Les habitans de Carcassonne, effrayés de cet exemple, im-

---

dans l'Université de Paris, où il revint en 1217, avec six autres religieux, pour y jeter les fondemens de son ordre. On leur donna la chapelle de Saint-Jacques et une maison contiguë dans la rue de ce nom, d'où ils furent ap-pelés *Jacobins*. En moins de deux années, la communauté fut composée de 30 religieux. C'est dans cette petite chapelle que fut inhumé le père Mathieu, et l'on a retrouvé, en 1726, dans la grande église Saint-Jacques, son épitaphe latine.

plorèrent la miséricorde des Croisés ; on leur laissa la vie ; on leur permit de sortir presque nus de leur ville, la corde au cou ; et l'on s'empara de tous leurs biens.

Ce fut au siége de cette ville que le baron Simon de Montfort, apprenant qu'un homme de qualité qui lui était fort cher avait eu la jambe fracturée dans l'assaut, et était demeuré dans le fossé sans que personne voulût s'exposer pour lui sauver la vie, retourna sur ses pas suivi de son écuyer, entra dans le fossé, embrassa son ami qu'il enleva, triomphant seul du danger qui avait fait lâcher prise à toutes ses troupes

Pendant que Dominique de Guzmanze, l'apôtre de la croisade, travaillait à la conversion des Albigeois, l'armée de la ligue songeait à se donner un seul chevalier pour être comme son généralissime. Les suffrages se réunirent tous pour le comte de Nevers, qui n'accepta point cette charge ; le duc de Bourgogne, piqué qu'on lui eût préféré le comte de Nevers, la refusa de même. On nomma le baron de Montfort l'Amaury, qui en reçut la nouvelle par le duc de Bourgogne et le comte de Nevers, auxquels il répondit qu'il ne lui convenait pas de se charger d'un fardeau qu'euxmêmes n'avaient point voulu porter : mais loin d'écouter les excuses de Montfort, on lui fit les plus agréables et les plus flatteuses instances ; on lui dit que son expérience suppléerait à tout, et on se jeta à ses pieds en le conjurant d'être le Machabée de son siècle. Il y a bien de l'apparence que ce fut alors qu'on lui déféra le titre de *Comte* au lieu de celui de Baron que lui et les seigneurs de Montfort, ses ancêtres, avaient porté jusque-là ; du moins Pierre de Vaucernay, Rigord, Guillaume le Breton et Guillaume de Puy-Laurens ne commencèrent à le qualifier *comte* qu'à l'occasion de la guerre contre les Albigeois. Nous imiterons à présent ces auteurs.

A peine le comte Simon VI de Montfort fut installé général, qu'il s'occupa de la réduction de Foujeaux, de Lombès et de Castres. Il se rendit ensuite à Pamiers, pour en recevoir l'investiture ; et, dans sa marche rapide, suivi seulement de sa milice

Montfortoise, il prit Mirepoix, qu'il donna à son maréchal Guy de Levy. Simon, revenant sur ses pas, s'empara de Saverdun ; et tandis qu'il marchait sur Lombès, pour recevoir l'hommage des habitans, l'évêque d'Alby et les principaux habitans remirent entre ses mains toutes les villes qui pouvaient être de quelque considération. Beaucoup d'autres seigneurs des pays voisins se soumirent. Le comte de Foix donna son fils pour gage de sa parole ; et comme il périt en combattant Simon de Montfort, sa veuve, qui était à Rome, supplia le pape Innocent III d'user de son autorité pour faire remettre ce fils en liberté. Sur l'ordre que lui en donna le pontife romain, Montfort rendit le fils du comte de Foix.

Les seigneurs de Cabaret, de Minerve, de Termes, s'étaient fortifiés de façon à pouvoir soutenir les efforts de la ligue, dont les forces diminuaient chaque jour, à cause de la désertion des principaux chefs et de leurs soldats. Pierre, roi d'Aragon, songeait de son côté à établir sa puissance dans le Languedoc ; la mort de Raymond-Roger, vicomte de Béziers, lui en fournissait les moyens. D'un autre côté, la noblesse du pays, examinant ses forces, revint bientôt du respect qu'elle avait pour le général de la fédération, qui n'avait plus que trois ou quatre mille hommes sous son commandement. Giraud de Pépios, un des chefs de la croisade, livra aux Albigeois toutes les villes dont il avait le gouvernement. Sa trahison fut comme le signal de la révolte générale. Bientôt les habitans de Castres firent main-basse sur les Français qui se trouvèrent dans leur ville. Ceux de Lombès suivirent leur exemple. Un Croisé, commandant Réalmont, se laissa corrompre et rendit la place.

Cependant les villes de Carcassonne, de Pamiers, d'Alby, de Faissac, de Fanjaux, de Limours et d'Ambialet, restèrent attachées aux intérêts des confédérés. Simon de Montfort n'avait plus que quelques légions, avec lesquelles il tint la campagne durant l'hiver, en attendant de nouvelles forces. Pendant ce temps, le malheureux comte de Toulouse était allé à Rome se jeter aux pieds du Pape, qui renvoya son affaire à la décision de ses légats. Ce prince infortuné s'aperçut dès-lors que Rome avait résolu sa perte. Peu satisfait de sa démarche, il revint et apprit à son retour, qu'une femme paraissait, à la tête d'une nouvelle armée de Croisés, aux environs de Paris : c'était la comtesse de Montfort-l'Amaury, Alix de Montmorency, que les dangers de son époux avaient engagée à traverser, pendant l'hyver, avec ses vassaux, cette vaste étendue de pays qui sépare la ville de Montfort-l'Amaury de Carcassonne. La comtesse de Montfort avait l'âme grande et belle, beaucoup de génie, une aptitude singulière pour les grandes entreprises. Aidé de ce renfort, Simon, son mari, surprit les habitans de Montlaur, dont il s'empara ; les bourgeois d'Alzone abandonnèrent leur cité dès qu'ils apprirent qu'on venait les attaquer. On emporta de force la ville de Brom, qui osa résister. On fit crever les yeux et couper le nez et les oreilles à plus de cent hommes de la garnison. Les habitans d'Alairac, effrayés de cet excès de cruauté, oubliant qu'ils pouvaient tenir plusieurs mois au milieu de leurs montagnes, s'enfuirent, le douzième jour, par des détours où les Croisés ne purent les atteindre.

Le roi d'Aragon et le comte de Toulouse firent des propositions à Montfort ; mais le comte de Foix préféra à une paix qui lui aurait été honteuse, une guerre dont le succès lui paraissait encore douteux pour les Croisés. Cette résolution attira leurs armes sur ses domaines, qui furent ravagés. Ce fut là que Simon de Montfort, entraîné par une valeur qui lui était assez ordinaire, se mit à charger seul une cohorte d'Albigeois, qui se trouvait hors des murs de la cité de Foix.

Le monarque Aragonais avait à se plaindre des promesses fallacieuses que lui avaient faites quelque-uns des principaux d'entre les novateurs ; et pour s'en venger, il se lia en apparence avec Simon de Montfort, qui profita de cette brouille pour aller mettre le siége devant Minerve, qui fut réduite par famine, après un siége de plus de sept semaines. Cent-cinquante de ses habitans furent livrés aux flammes. C'étaient là les feux de joie qu'allumaient les Croisés pour célébrer leur victoire. Les Cannibales ont aussi cette coutume.

De là, Montfort s'en fut établir le siége de Termes, cité fameuse au commencement du treizième siècle, et dont le vieux Raymond était seigneur. Cette place, fortifiée de tous côtés par la nature, semblait inexpugnable. Le général Simon de Montfort fut forcé d'établir des retranchemens, en attendant une armée de Bretons, dont Guillaume de Cajeux lui annonçait la marche. Cette armée arriva. On avança bientôt les machines de guerre au pied des murailles de la ville. La première enceinte fut renversée. Le vieux Raymond vint charger les assiégeans avec tant de fureur qu'il en fit un horrible carnage. Il restait une tour située assez près du château pour en couvrir la partie qui était la moins défendue. Le général Simon la fit attaquer avec succès. Ceux qui la défendaient s'étant enfuis, les Croisés s'en emparèrent. On fit de nouveaux efforts contre Termes, dont la chute des murs ne faisait que découvrir d'autres murs, que les assiégés construisaient à mesure qu'on abattait ceux qui étaient devant. La défense de ces braves étonnait l'armée de la ligue, qui eût levé ce siége difficile, sans le respect qu'elle avait pour son général. Au moment qu'on s'y attendait le moins, le commandant de la place envoya des parlementaires pour demander la capitulation. Le défaut d'eau avait obligé Raymond à cette démarche. Montfort ne voulut rien entendre. Il dut avoir lieu de s'en repentir; car le lendemain il tomba une telle quantité d'eau, que les citernes du château en étaient remplies.

Cette heureuse circonstance rendit le courage au vieux Raymond, qui refusa à son tour les propositions intempestives d'arrangement que lui fit faire Simon de Montfort. L'Evêque de Chartres en fut découragé; il congédia ses soldats. Ce surcroît de bonheur enivra les Albigeois, qui sortirent la hache et le feu à la main, pour détruire une machine des assiégeans, jusqu'à ce que Montfort, informé de la consternation générale, fit disparaître les ennemis par sa présence. Quelques bataillons de Lorrains, arrivés de nouveau, sous la conduite du comte de Bar, furent le seul obstacle à la levée du siége, qui recommença avec une nouvelle opiniâtreté. Les machines furent agitées et produisirent tout l'effet qu'on en attendait. Les remparts de la ville tombaient de tous côtés. La crainte de voir allumer des bûchers semblables à ceux de Minerve ne permettait pas aux assiégés de se battre faiblement. Le nombre les accabla. Ils furent taillés en pièces ; et le brave Raymond, fait prisonnier, fut renfermé dans le château de Carcassonne avec beaucoup d'autres chevaliers. La modération, cette fois, accompagna la valeur de Montfort, qui n'exerça aucune violence sur le reste des habitans de Termes.

Cette victoire accrut les forces des Croisés, qui marchèrent pour forcer Constance, d'où l'on apprit que Simon de Montfort avait déjà expulsé les habitans. La citadelle de Puivert, qui pouvait résister quelques semaines, fut prise en trois jours. La forteresse d'Albios ouvrit ses portes ; Castres n'osa faire aucune résistance ; les habitans de Lombez, après avoir approvisionné leur place de toutes les munitions nécessaires, l'abandonnèrent au bruit de l'arrivée de Montfort.

Cependant des négociations furent entamées à Narbonne ; mais les conditions auxquelles on offrait la paix au comte de Toulouse, étaient trop dures pour qu'il y consentît jamais. On lui demandait de congédier ses troupes, de livrer aux Croisés ceux des Albigeois dont on voulait s'assurer, et de bannir les autres de ses états ; on lui demandait encore de démanteler ses places fortes, de défrayer le comte de Montfort des dépenses de la guerre, et de partir au plutôt pour la Terre Sainte, dont il ne reviendrait qu'avec la permission du pape. Raymond, loin de fléchir, partit sur le champ pour Toulouse, qu'il mit en état de défense, tandis que des armées de pélerins fanatiques arrivaient de tous les points de la France dans le Languedoc.

On vainquit avant d'avoir combattu. Roger, seigneur de la Cabarade, sans avoir été assiégé, fut obligé de rendre cette place, la plus forte du comté de Carcassonne. Mais la réduction de Lavaur, coûta autant que celle de la Cabarade avait coûté peu. La ville de

Lavaur appartenait à une dame appelée Giraude. La curiosité naturelle à son sexe l'avait portée à se faire initier dans les mystères des réformateurs. Aimery de Réalmont, son frère, y commandait à la tête d'une noblesse distinguée, qui brûlait de se signaler aux yeux de la dame, encore jeune et belle. Le comte de Toulouse et le comte de Foix en faisaient partie. Ce dernier, ayant appris que six mille Allemands étaient en marche pour venir se joindre à l'armée des confédérés, se mit en embuscade auprès de Puy-Laurens pour les atteindre, fondit sur eux avec les siens et en fit un affreux carnage. De son côté, Aimery de Réalmont avait battu les Croisés dans une sortie qu'il avait faite. Il entreprit de brûler les machines que Montfort faisait avancer. Il avait pratiqué sous les murailles un chemin par où il faisait enlever les fascines que les Croisés jetaient dans les fossés. Ceux-ci, voyant leurs tentatives inutiles, au lieu de fascines, jetèrent à l'ouverture du chemin, des arbres avec leurs branches, qu'ils couvrirent des matières les plus combustibles, et après que ces matières eurent été enflammées ils lancèrent sur le feu, des bottes d'herbes vertes et mouillées, de manière que la fumée, ne pouvant plus s'élever, entra dans le chemin, qui devint impraticable pour les assiégés. Montfort fit passer jusques à la muraille de Lavaur, une machine remplie de mineurs, qui en sappèrent si vivement les fondemens qu'elle tomba le lendemain. Lavaur fut forcée de se rendre à discrétion, le 3 mai de l'année 1211; les Croisés allumèrent des bûchers dans tous les quartiers de la ville et, à quelques femmes près, on y brûla jusqu'à 400 malheureux habitans. Aimery de Réalmont fut pendu: les officiers de la place, au nombre de quatre-vingts, furent passés au fil de l'épée. La dame de Lavaur quoiqu'enceinte, fut précipitée dans un puits qu'on combla de pierres. Comment la religion, cette fille d'un Dieu tout clément, put-elle inspirer d'aussi affreuses barbaries à ceux qui s'en disaient les défenseurs!

Le siége de Lavaur était à peine achevé, que Montfort entra sur les domaines du comte de Toulouse.

Il s'empara de Puy-Laurens et de Mongausi, qu'il fit brûler: Castelnaudary , Rabastens , Montaigu , Galliac , Saint-Marcel, la Guépie et Saint-Antonin ouvrirent leurs portes. Montferrand , bâti auprès des ruines d'Eluse, où Sulpice Sévère faisait sa demeure , osa résister. C'était une petite place commandée par Beaudoin , frère du comte de Toulouse. Simon de Montfort ordonna l'assaut. Beaudoin , malgré sa qualité de frère du comte de Toulouse, se rendit au comte de Montfort, et prit parti pour ce dernier.

Après la prise de Montferrand , les Croisés vinrent former le siége de Toulouse, où commandait le comte Raymond VI. L'armée, composée des troupes que le comte de Montfort avait à sa solde , de celles du comte de Bar et de quelques princes allemands, ne s'élevait pas à plus de vingt mille hommes. Raymond et Simon de Montfort se virent, pour la première fois, aux prises sur les bords de la rivière d'Hers, à une demi-lieue de Toulouse. On se battit avec acharnement : Montfort, dans cette action, eut un cheval tué sous lui; ses troupes , dans la défense d'un convoi qui leur était envoyé , eurent le dessous , ce qui causa une disette si générale qu'elles n'eurent plus que la dixième partie de leur solde. On tenta vainement de combler les fossés de la ville avec des arbres. Le sénéchal d'Agénois et Roger de Foix fondirent brusquement sur le comte de Bar , chargé de la garde du camp des Croisés occupés à ramasser des fascines , et massacrèrent sa troupe.

Ces mauvais succès firent reconnaître à Simon de Montfort qu'il s'était engagé trop légèrement, et il leva le siége. Son armée ne fut pas plutôt entrée dans le comté de Foix qu'elle y fit ressentir les plus funestes effets de la guerre. La province du Quercy se rendit au général de la ligue. L'armée des Albigeois, forte d'environ cent mille hommes, résolut d'entreprendre le siége de Castelnaudary comme un moyen infaillible d'y attirer le chef des Croisés, qui s'en était emparé. Cette place n'avait alors que cinq cents hommes pour la défendre. On ne pouvait y en faire entrer davantage, parce que la comtesse de Montfort et ses enfans , en-

fermés dans des villes éloignées les unes des autres avaient besoin de grosses garnisons pour leur sauve-garde. Castelnaudary
était divisée en haute et basse ville. Cette dernière partie fut oc-
cupée par les Toulousains : l'autre le fut par les Croisés, qui reçurent de Bouchard de Marly et de Martin d'Alguais, qui commandait à Lavaur, quelques escadrons de renfort. Ce détachement devait être attaqué par l'ennemi. Montfort le sut : il arriva à propos
à son secours ; le combat était engagé, mais la partie étant iné-
gale, les catholiques prennent la fuite. Guy de Levy, maréchal de
Montfort, parvient à rallier les fuyards au moment où celui-ci arrive avec ses soldats. Ils chargent simultanément les Albigeois qui
se rompent et cherchent bientôt leur salut dans la fuite. On dit
que Simon de Montfort, pour remercier le ciel de la victoire
qu'il venait de remporter, descendit de cheval à la porte de Castelnaudary, et marcha pieds nus jusqu'à l'église.

Malgré cette défaite, les Albigeois firent courir le bruit que
Montfort avait été entièrement vaincu et emmené prisonnier.
A cette nouvelle, les villes de Montaigu, de Gaillac, de Cressac, de
Saint-Marcel, de la Guespie, de Saint-André, de Pechelaurent,
Cassor, Saint-Félix, Montferrand, Saint-Michel et Saverdun
rentrèrent dans l'obéissance du comte de Toulouse. Cependant
Montfort ne tarda pas à désabuser les Languedociens : il sortit de
Castelnaudary, suivi de quelques chevaliers arrivés de France
sous la bannière d'Alain de Roussy. Il fit renaître partout la ter-
reur de son nom, et les catholiques du pays vinrent bientôt grossir
son armée. Avec ces nouvelles forces, le comte Simon de Montfort retourna sur ses pas pour livrer la bataille à Raymond VI.
Mais celui-ci avait fait rentrer ses soldats dans Toulouse. Simon
ne fut pas fâché de cette circonstance, qui lui permettait de recru-
ter des forces. Il eut un plus grand sujet de satisfaction : son frère,
Guy de Montfort, revint en ce temps-là de la Palestine où ses
glorieux exploits lui avaient mérité l'alliance de la princesse de

Sidon. Montfort allait se trouver soutenu d'un second lui-même, qui pouvait partager ses soins.

Mais tandis que les abbés de Cîteaux et de Vaucernay engageaient le roi de France à prendre la croix contre les Albigeois, Pierre, roi d'Aragon avait obtenu du pontife de Rome la révocation des indulgences accordées aux Croisés du Languedoc, ce qui n'empêcha pas qu'un grand nombre de Français se joignît encore à Montfort pour combattre les Albigeois.

L'armée de Simon de Montfort se grossissait ainsi chaque jour de quelques nouveaux bataillons. Des Allemands arrivèrent, qui reprirent la plupart des villes qu'on avait perdues. Le prevôt de l'église de Cologne et quelques seigneurs des environs s'emparèrent de Puy-Laurens. Une troupe de Normands et de Picards arriva dans le même temps. Les Croisés se trouvèrent alors en si grand grand nombre que le général Simon de Montfort les divisa en deux armées, dont l'une, sous la conduite de Guy de Montfort et du maréchal de Lévy, entra dans le comté de Foix; l'autre demeura sous les ordres de Simon, qui força de nouveau, en un seul jour, les villes de Rabastens, de Montaigu et de Gaillac à se rendre. Il rasa Saint-Marcel. Il traita la Guespie avec la même rigueur. Saint-Antonin fut emportée d'emblée. Agen, capitale de l'Agénois, ne lui coûta qu'une marche.

L'opération la plus difficile de la campagne fut le siège de Pène. Cette ville est bâtie sur la pointe d'une montagne : Richard-Cœur-de-Lion, roi d'Angleterre, y avait fait élever une citadelle, d'où l'on pouvait tenir toute la province en respect. Hugues d'Alfar était gouverneur de cette place. Montfort n'avait point eu depuis long-temps de si habile homme à combattre. Ils s'attaquèrent à différentes reprises sans qu'il y eût plus de succès d'une part que de l'autre. Simon, désespérant de forcer seul cette ville, rappela les troupes confiées à son frère. Celles-ci se débandèrent. Rien n'était plus ordinaire que de voir un jour Montfort avec cinquante mille hommes et quelque temps après avec cinq ou six mille, chacun étant maître de demeurer avec lui ou de le quitter (1). Au départ des Allemands et des Picards, l'abbé de Saint-Remi de Reims, un abbé de Soissons, le doyen d'Auxerre et l'archidiacre de Châlons, à la fois ecclésiastiques et capitaines, suivant la coutume de ces guerres où l'on voyait le baudrier sur la soutane et le casque sur le froc (2), arrivèrent fort à propos avec des troupes fraîches, qui réduisirent enfin Pène, après un très-long siége.

La ville ne fut pas plutôt prise qu'on alla investir Biron, dont était gouverneur Martin d'Alguais. Biron était alors divisée en deux parties, le bourg et la ville. D'Alguais défendit long-temps le bourg; mais la ville ne jugea pas à propos d'imiter cet exemple. Elle vendit au comte de Montfort l'infortuné d'Alguais, qui fut traîné ignominieusement dans les rues et attaché ensuite à une potence. D'Alguais pouvait mériter ce châtiment : il avait été un des lieutenans de Montfort et l'avait quitté pour se battre contre lui.

Cependant il ne restait plus qu'un petit nombre de places à enlever aux Albigeois. Moissac était défendue par une nombreuse garnison de Routiers, brigands qui faisaient la guerre à leur profit et au profit de ceux qui les protégeaient. Dans une sortie, ils blessèrent le comte de Montfort. L'Évêque de Tulle survint à

---

(1) Le seigneur d'une terre convoquait ses vassaux par ban et arrière ban. Le ban était la convocation des nobles et tenans nobles.

L'arrière ban était la convocation de tous les sujets nobles ou non, tenant fiefs ou non.

Les expéditions de la guerre étaient de deux sortes : l'une s'appelait *l'Ost*, et le vassal était obligé de servir au moins 40 jours.

L'autre s'appelait *Chevaucée* : elle ne durait que deux ou trois jours. C'est bien de *l'Ost* qu'il s'agissait dans la guerre des Albigeois ; mais le temps de 40 jours étant expiré, on voit que les seigneurs qui étaient sous les ordres du général en chef pouvaient se retirer.

(Extrait de M. de Fontanieu.)

(2) Les abbés étaient obligés de servir à l'armée à la tête de leurs vassaux, sous peine d'être déposés.

(Extrait de M. de Fontanieu.)

propos, avec les siens, pour serrer plus étroitement l'ennemi. On poussa sur la contrescarpe une espèce de charriot pour combler le fossé de la ville. Mais l'entreprise était trop difficile. Moissac avait deux fossés, au milieu desquels s'élevait un terrain où les Albigeois avaient ménagé des barricades ; de là ils tiraient sur les Croisés, qui paraissaient pour jeter de la terre ou des fascines : la machine de ceux-ci demeurait immobile sur le bord du premier fossé. Montfort et Guy son frère venaient inutilement pour presser l'attaque.

Une si vigoureuse résistance ne faisait qu'animer le courage des Catholiques On sonna la charge, en chantant l'hymne du Saint-Esprit ; les assiégés et les assaillans se joignent dans le premier fossé. L'on ne vit, pendant quelque temps, qu'une mêlée confuse. On ne pouvait distinguer le vainqueur et le vaincu. Les Albigeois, à la fin, sont repoussés vers leurs murailles, et Montfort demeura maître du terrain situé entre les fossés.

Pendant ces entrefaites, il arriva que quelques villes du comté de Toulouse se soumirent et demandèrent des garnisons catholiques. Moissac en fit autant : elle ouvrit ses portes.

Les Catholiques eurent encore le temps de marcher vers Pamiers et d'obliger les comtes de Foix et de Toulouse à en lever le siége qu'ils avaient commencé. C'est alors, que le comte de Montfort, voyant ses affaires en bon état, assembla, dans la ville de Pamiers les évêques et les seigneurs des terres qu'ils avaient acquises, pour établir, avec leurs suffrages, de nouvelles lois dans le pays. Ces lois furent dressées et arrêtées par douze des plus notables, qui étaient quatre ecclésiastiques, savoir : l'évêque de Toulouse et celui de Conserans, un Templier et un Hospitalier, quatre chevaliers français ; et quatre pélerins étrangers, dont deux chevaliers et deux bourgeois. (1)

Bientôt après, à la sollicitation des évêques, lesquels écrivaient

---

(1) Les lois et coutumes, que publia le seigneur de Montfort en Languedoc, nous ont été conservées, et se trouvent transcrites dans l'histoire du comté de Toulouse de Castel, page 268.

de toutes parts au pape, pour rallumer la guerre qui semblait ralentie, le comte de Montfort se remit en marche. Il se porta de nouveau aux alentours de Toulouse, pour s'emparer des postes d'où l'on pourrait tenir cette ville bloquée. Ces postes ne résistèrent pas. Il n'y eut que les habitans de Muret, qui osèrent mettre le feu à leurs ponts. Il leur en coûta cher; car la cavalerie de Montfort ayant traversé la Garonne, elle éteignit le feu qui commençait à consumer le pont et passa au fil de l'épée une partie des bourgeois. Dans cette traversée du fleuve, les Croisés crurent un instant avoir perdu leur général.

A peine le comte de Montfort eut passé la rivière à la tête de sa cavalerie, que la Garonne venant à grossir extraordinairement, il fut impossible à la cavalerie de la repasser à la nage pour rejoindre l'infanterie et encore plus impossible à l'infanterie, qui n'avait point de bateaux, de venir joindre la cavalerie.

Les bourgeois de Muret avaient déjà porté à Toulouse la nouvelle que la cavalerie et l'infanterie de la ligue étaient séparées sans espoir de se réunir, et qu'il suffisait de se mettre en campagne pour tailler en pièces l'infanterie, qui était peu nombreuse et sans chef. Montfort voulait repasser la Garonne, lorsque Guy de Levy lui représenta que la valeur la plus héroïque avait des bornes ; que les Croisés ne souffriraient jamais que leur général rentrât dans la rivière ; que quand son cheval serait assez vigoureux pour le porter jusqu'à l'autre rivage, la mort y était inévitable ; qu'il était fâcheux de voir périr une poignée de fantassins, mais qu'il serait déraisonnable de s'exposer inutilement pour défendre des gens qu'on ne pourrait sauver.

Tandis que son maréchal parlait ainsi, Montfort se précipite avec son cheval dans la Garonne, en répondant que c'était par sa faute qu'il avait engagé son infanterie, et qu'il voulait la sauver, ou du moins la couvrir le plus long-temps qu'il pourrait aux dépens de sa vie. Le comte Simon traversa heureusement la Garonne et joignit ses troupes qu'il conduisit dans le comté de Comminges, pour en châtier le comte, qui était, disait-il, un des plus grands fauteurs de l'hérésie. Il revint incontinent rejoindre le reste de son armée à Muret, en attendant qu'au retour du printemps, il pût assiéger les Toulousains dans les formes.

Aussitôt que les Croisés eurent formé le blocus de Toulouse, Raymond trouva le moyen d'aller lui-même informer le roi d'Arragon de l'état où la place était réduite. Ce monarque écrivit alors au concile de Lavaur en faveur de Raymond. Les pères du concile répondirent qu'on ne pouvait accorder ni paix ni trève : dès-lors, le roi publia qu'il ne pouvait plus souffrir les violences des Croisés. En même-temps il fit paraître un manifeste, où il déclarait qu'il donnait sa protection aux ennemis de Montfort, et qu'il allait appeler au Saint-Siège de tout ce que le concile oserait déterminer. On le menaça de l'excommunication ; les menaces furent méprisées : il avait un privilége du pape, qui ôtait aux autres prélats le pouvoir de l'excommunier.

D'un autre côté, Montfort avait reçu de la cour de Rome des lettres qui, en blâmant sa conduite, lui ordonnaient de rétablir au plutôt dans ses droits le seigneur pour qui le roi d'Aragon demandait grâce. L'évêque de Ségovie fit révoquer les indulgences, et Robert de Corson, légat du pape, défendit de prêcher en faveur de Montfort. Mais le concile de Lavaur députa à Rome, et parvint, à force d'intrigues et d'adresse, à séduire le pape, qui déclara subreptices les brefs qu'il avait rendus précédemment. Ces dernières dispositions du pontife romain ayant été signifiées au roi d'Aragon, la colère de ce prince éclata ouvertement. Il déclara la guerre aux Croisés, et il donna ordre à ses bataillons Catalans de ravager les terres de la ligue.

Montfort ne pouvait tirer des troupes de France, où la révocation des indulgences venait de dégoûter les peuples des guerres du Languedoc. Il était réduit à une poignée de soldats. Les évêques d'Orléans et d'Auxerre furent les seuls prélats qui, cette année, vinrent combattre les Albigeois.

Tandis que cette faible armée de la ligue entrait dans la Gascogne, le Roi d'Arragon venait avec toutes ses forces pour fondre

sur elle. Il avait cent mille hommes sous ses ordres. Il marcha vers Muret, qu'il enveloppa le 10 septembre 1213. A son approche, la basse ville implora sa clémence, et la haute ne tint quelques temps que parce que le comte de Montfort accourait pour s'y jeter lui-même. La Comtesse, sa femme, employa pour l'en empêcher les prières et les larmes; et ce qui l'y portait davantage, c'est qu'elle s'était imaginé, pendant son sommeil, qu'on lui ouvrait les veines des deux bras, et qu'elle perdait tout son sang. Elle regardait ce rêve comme le présage d'un malheur qui allait lui enlever son époux. Montfort fut inébranlable. Il entra dans l'église de Bolbonne(1), et, mettant son glaive sur l'autel, il pria Dieu de le bénir; ses vœux furent suivis de ceux de ses amis présens, qui étaient Guy de Montfort, Guillaume des Barres, Alin de Ruffiac, le comte de Corbeil, Beaudoin, frère du comte de Toulouse, et plusieurs autres braves chevaliers. Un secours venait d'arriver au Comte; ce qui, selon Albéric, ne faisait pas plus de dix-huit cents hommes sous les armes, en comptant la garnison de Muret. Guillaume-le-Breton veut que ce soit seulement douze cents. Le danger était imminent. Les évêques ne voulurent plus combattre; ils députèrent au roi d'Aragon : les remontrances des députés furent superflues; les Catalans vinrent les premiers défier les Croisés jusqu'aux portes de Muret. Montfort perdit patience. On vous méprise, dit-il aux prélats, et je veux qu'on vous estime; vous craignez, et c'est vous qui allez gagner la victoire. Aussitôt il divisa sa petite armée en trois lignes, en l'honneur de la Sainte-Trinité. « Mais
» quand on a cent mille ennemis en tête, dit M. de Voltaire,
» dans son essai sur l'histoire générale, va-t-on les attaquer avec
» dix-huit cents hommes en pleine campagne, et divise-t-on une si
» petite troupe en trois corps? C'est un miracle, disent quelques
» écrivains; mais les gens de guerre qui lisent de telles aventures,
» les appellent des absurdités. »

En même temps, le roi d'Arragon commanda les Toulousains, pour garder le camp et pour donner à propos assaut à la ville

____

(1) Abbaye dans le comté de Foix.

pendant la bataille ; il rangea ensuite ses autres troupes sur trois lignes. Le comte de Foix commanda la première et lui la seconde ; il ordonna qu'aussitôt que l'action serait engagée, l'on enveloppât les Croisés.

Le comte de Foix et les Catalans furent les premiers à marcher aux ennemis ; et comme leur ligne reculait de quelques pas pour revenir plus vivement à la charge, les Croisés crurent qu'elle faiblissait ; ils firent un si violent effort pour l'enfoncer qu'elle se renversa effectivement sur la deuxième ligne avec une telle confusion que le Roi d'Aragon faillit d'être emporté par les fuyards. Cependant il rétablit l'ordre : les chefs les plus braves tombent à ses côtés, rien ne ralentit son ardeur. Il cherche partout le comte de Montfort, et l'ayant découvert, il marche à lui la lance en arrêt, pour le percer. Montfort s'aperçoit du mouvement, et il ne sait encore qui vient à lui ; il voit toutefois par l'empressement de ceux qui accourent, que c'est le Roi lui-même. Il s'avance et donne si à propos un tour de main à son cheval qu'il évite le coup et passe jusqu'au Roi, à qui il enlève la lance. La noblesse Aragonaise tombe sur Montfort. La violence des coups qu'on lui portait fit rompre l'étrier sur lequel il se soutenait du côté gauche ; Montfort, pour s'appuyer, donna de force avec l'éperon dans l'armure de son cheval pour s'y faire un appui ; l'éperon se brisa dans l'effort ; cependant il tint ferme en selle et il rejoignit de près le chevalier qui venait de faire contre lui un si fort coup de lance ; mais ne pouvant le percer, il le prit par le casque et le tira de dessus son cheval. Le Roi, qui était très-vigoureux, se débarrassa des mains de Montfort, et tomba à terre ; un soldat lui porta plusieurs coups de lance et le tua. Son corps demeura au pouvoir des Croisés, et ses troupes prirent la fuite. On dit que Simon de Montfort versa des larmes sur la mort de ce grand prince. Les Albigeois avaient perdu vingt mille hommes ; l'armée de Montfort n'eut, dit-on, qu'un seul chevalier et quelques soldats de tués dans cette action. On doit admirer la bonne foi de l'auteur, qui nous fait le récit de cette bataille, et se permettre au moins le doute sur la vérité de cette dernière circonstance, parce qu'il n'est pas possible, comme il l'avance qu'il n'y ait eu que quelques Croisés et un officier de tués dans une affaire où l'ennemi avait perdu vingt mille combattans.

On voyait dans l'église de Montfort - l'Amaury un tableau de la bataille de Muret, où le comte Simon, accompagné de Saint-Dominique, était représenté à genoux, rendant grâce à l'Eternel de sa victoire, et adressant ses prières à la Vierge.

Les Toulousains ne furent pas abattus par la perte de cette bataille; il refusèrent de donner un assez petit nombre d'otages, que les Catholiques demandaient pour leur accorder la paix. Montfort irrité de ce refus, fit bloquer Toulouse par une partie de ses troupes et ordonna au reste d'aller achever la ruine du pays de Foix. Les terres de Ponce de Montlaur furent les premières investies. On se rendit ensuite à Valence, qui appartenait à Aimard de Poitiers. Ce seigneur reçut des garnisons catholiques dans ses places.

Cependant les Catalans et les Aragonais, qui voulaient venger leur roi, se répandaient de tous côtés dans le comté de Carcassonne, et le Roi d'Angleterre, leur allié, s'efforçait d'humilier le comte de Montfort; mais il ne se trouva pas en état d'agir contre lui, de sorte que le comte de Toulouse fut le seul ennemi qu'on eût en tête. On lui fit lever le siége du château de Moissac, qu'il avait commencé. On s'empara ensuite de Maurillac, de Mont-Pézat, de Marmande, qui appartenait au Roi d'Angleterre, de la Réole et de plusieurs autres villes; le siége de Casseneuil devait être plus difficile : cette ville était bâtie sur des rochers et au milieu des eaux, qui remplissaient ses vastes fossés. Hugues de Rominiac y commandait une garnison d'Albigeois. Jean, roi d'Angleterre, qui était proche avec une grande armée, avait promis de venir au secours de cette place. On l'attendit vainement. Au moment de l'attaque, les assiégés se défendirent avec tant de bravoure que Montfort fut obligé de recourir à des expédiens nouveaux. Il fit construire un pont de bois, mais si pesant que quand on le jeta sur l'eau des fossés, sa masse le porta avec violence au fond, où il entra si avant dans la terre qu'on ne put l'en retirer. On construisit un nouveau pont plus léger, qui se trouva trop court. Ces mauvais succès ne rebutèrent point les Croisés ; car ils imaginèrent de bâtir une maison de bois, sur laquelle était une plate-forme où l'on éleva une tour à cinq étages, dans chacun desquels se placèrent des archers pour tirer sur les assiégés. Le bas de la maison était une espèce de salle pleine de soldats, qui remplissaient le fossé de terre, faisant avancer à force de bras toute la machine, à proportion qu'ils comblaient les fossés. Les Albigeois voyant approcher leur ruine, réunirent tous leurs efforts pour empêcher la machine d'approcher. Ils lançaient des brûlots, ils couvraient de feu tous les étages de la tour. Leurs efforts furent inutiles. Les Catholiques parvinrent au pied de la brèche qu'ils avaient faite ; et après un siége de plus de cinquante jours, il entrèrent dans Casseneuil, qu'ils trouvèrent abandonnée. Les habitans avaient fait un coup d'une vigueur étonnante, en se sauvant à la vue des Croisés, qui n'eurent que la force d'admirer leur courage et non celle de les poursuivre.

Après la réduction de Casseneuil, on entra dans le Périgord, et la prise de plusieurs places fut l'occupation de peu de jours. On y démolit le château de Bernard de Casvac ; ensuite les Croisés passèrent sur les terres de Bénac. Montfort fit abattre quelques pieds du haut des murailles de cette ville, et il laissa cependant ces mêmes murailles assez élevées pour y maintenir une garnison catholique.

De toutes les provinces qui relevaient du comte de Toulouse en deçà du Rhône, il n'y avait plus que le Rouergue où Simon de Montfort n'eût pas établi sa puissance. Il y conduisit son armée pour y recevoir l'hommage du comte de Rhodez, dont les autres gentilshommes du pays suivirent l'exemple. Sévérac fit résistance. Il avait compté sur la rigueur de la saison. Guy de Montfort marcha pendant la nuit, avec un corps de troupes, vers la place, et ayant logé sans peine ses soldats dans la basse ville, dont il trouva les portes ouvertes, il contraignit bientôt la haute à capituler.

Toulouse restait encore à réduire ; elle livra un grand nombre d'otages, et un corps considérable de Croisés entra dans le château Narbonnais, qui était la citadelle de Toulouse. Montauban imita cette ville; il fallait cependant donner un Gouverneur à Toulouse: un concile s'assembla à cet effet à Montpellier; il n'y eut qu'une voix en faveur de Simon de Montfort et l'archevêque d'Ambrun porta les vœux du concile au Pape Innocent III, qui, regardant Montfort comme sa créature et le protecteur de son siège, fit expédier, le 2 avril 1215, un bref par lequel il lui abandonnait les revenus du comté de Toulouse.

Durant ces entrefaites un nouveau renfort arriva aux Croisés: c'était le jeune Louis VIII, fils de Philippe Auguste. Il venait avec l'intention de disposer souverainement du comté de Toulouse en faveur de Montfort. L'église prétendait au contraire qu'à elle seule appartenait le droit de donner cette province. Montfort cependant en demeura provisoirement gouverneur jusqu'à ce que, dans le concile de Latran, assemblé au mois de novembre de l'année 1215, il fut confirmé dans le gouvernement de Toulouse; cette confirmation eut lieu quoique les seigneurs du Languedoc y eussent représenté l'image affreuse des bûchers qu'on avait allumés pour brûler les Albigeois, des villes démantelées, pillées, rasées; des exactions, des violences de ceux qui, sous les apparences hypocrites de la religion, avaient enlevé toutes les richesses du pays, enfin de l'ambition sans frein de Simon de Monfort: ce fut dans ce concile que le missionnaire Dominique reçut l'ordre de former le plan de l'Institut pour lequel il avait sollicité l'approbation du Pape.

Tandis que ces choses se passaient à Rome, Simon de Montfort reçut le décret du concile de Latran qui lui adjugeait Toulouse. On rapporte qu'aussitôt il se rendit à la cour de France au milieu d'une haie de peuples qui sortaient processionnellement des villes et villages en chantant : *Béni soit celui qui vient au nom du Seigneur.* On se croyait heureux de pouvoir toucher ses vêtements; Philippe Auguste, qui était alors à Melun, lui fit beaucoup d'accueil; il lui accorda pour lui et ses descenda s, l'investiture du duché de Narbonne, du comté de Toulouse et de tout le pays conquis par les Croisés sur les Albigeois, ce qui rendait Simon de Montfort maître du Languedoc, du Quercy, de l'Agénois, du Rouergue et d'une grande partie de la Gascogne, à laquelle bientôt après il ajouta le comté de Bigorre, par le mariage de Guy de Montfort, son deuxième fils, avec Pernelle, héritière de ce bel état. Alors il se qualifia dans ses titres : *Simon, par la grâce de Dieu, duc de Narbonne, comte de Toulouse, vicomte de Béziers et de Carcassonne, seigneur de Montfort.*

Tandis que Montfort s'enivrait à la cour de ses succès, le fils du vieux Raimond lui préparait de cruels revers. Ce jeune homme, alors âgé d'environ seize ans, fut reconnu pour comte par les Provençaux, qui lui levèrent une armée capable d'agir à l'ouverture de la campagne de l'année 1216. La ville de Beaucaire pria le jeune Raimond de profiter de l'absence du général de la ligue et de venir donner les ordres qu'il lui plairait, malgré le Sénéchal qui tenait le château de cette ville pour Montfort. Raimond passa le Rhône, et son armée enveloppa si bien le château de Beaucaire, qu'il fut impossible à Guy de Montfort, qui accourut pour le secourir, de forcer les lignes de ses ennemis.

A la nouvelle de ce siége, le général Simon de Montfort s'empressa de revenir joindre ses troupes; mais après treize semaines d'attaques inutiles, il se vit dans la nécessité de marcher sur Toulouse, où l'inclination qu'on avait pour Raimond persuadait déjà au peuple que, victorieux des Croisés, il revenait triomphant prendre possession du patrimoine de ses pères. Dans cette idée, les Toulousains refusèrent de laisser entrer quelques gentilshommes de Montfort dans leur ville, et peu après il lui fermèrent à lui-même les portes.

Montfort, que l'échec de Beaucaire avait déjà irrité, entra par plusieurs endroits dans Toulouse, qui n'avait ni fossés ni murailles, et il ordonna qu'on mît le feu partout: les bourgeois se retirèrent de la ville dans le faubourg, résolus d'y attendre Raimond; les Français allaient les y forcer et les passer au fil de l'épée, lorsque l'évêque de Toulouse obtint la permission d'aller faire comprendre aux Toulousains que Raimond, pour avoir pris Beaucaire, n'était pas maître des places que les Croisés tenaient entre cette ville et Toulouse. Les Toulousains, pour ne pas exposer leurs biens et leurs fortunes, se rendirent à discrétion. On éteignit le feu; mais le reste des anciennes murailles de la ville et quelques maisons qui servaient de forteresses furent rasées. Il fallut donner un très-grand nombre d'otages et fournir quatre-vingt mille marcs d'argent. Les Toulousains s'aperçurent qu'il n'avaient pas besoin d'argent pour se bien battre: ainsi s'arrachant d'un côté jusqu'à la dernière pièce pour satisfaire la cupidité de Montfort, de l'autre ils traitaient avec le jeune Raimond sur la manière de lui livrer Toulouse.

Les circonstances devenaient favorables; et la mort d'Innocent III, qui arriva le 16 juillet de l'an 1217, persuada aux Languedociens que son successeur n'aurait pas un empire aussi absolu sur les nations catholiques que l'avait eu son prédécesseur. Ruinés par les exactions de Montfort, les Toulousains se plaignirent assez pour ne pas paraître insensibles, mais beaucoup moins qu'il ne fallait pour laisser entrevoir la résolution où ils étaient de se déli- vrer de la domination qui les opprimait. Ils ne firent aucucun mouvement pendant que l'armée du comte de Montfort prit Montgarnier au comté de Foix. Ils eurent l'adresse de demeurer specta- teurs tranquilles de la démolition de plusieurs forts situés aux environs de Termes. Enfin, tout fut si paisible que Montfort, après avoir mis une garnison dans le château Narbonnais et laissé un corps de troupes à son fils et à son frère pour tenir les environs de la ville dans l'obéissance, crut n'avoir plus rien a craindre du res- sentiment des Toulousains; c'est pourquoi il partit pour mettre à la raison, Saint-Gilles, Beaucaire, et les autres villes qui s'étaient rendues à Raimond VI.

Toulouse, rassurée par l'éloignement du général de la ligue, et s'embarrassant peu des forces qu'il avait laissées pour la tenir en bride, ouvrit ses portes au vieux Raimond, qui vint s'y jeter avec le comte de Comminges, le comte de Palis et quelques autres de ses amis. Les Toulousains apportèrent une telle diligence à se creuser des fossés et à se barricader, que Guy de Montfort qui n'était éloigné de Toulouse que de quelques lieues, arriva trop tard pour emporter la ville de force; il lui livra, coup sur coup, deux assauts, qui sont une preuve de son courage, mais qui ne l'excusent pas de s'être ainsi laissé surprendre.

La nouvelle de la révolte vint montrer à Montfort, Toulouse perdue, son frère peu digne de la confiance qu'il avait prise en lui, la comtesse sa femme, sa belle-fille et leurs enfans enfermés dans le château Narbonnais, au milieu des Albigeois.

Les Croisés et les Français qui dépendaient de Montfort eurent ordre de se rendre autour de Toulouse, et leur général Simon, en arrivant au pied des remparts, livra le plus terrible assaut qu'eût jamais soutenu cette ville. Guy de Montfort son frère, et Amaury de Montfort son fils se jetèrent au mileu de la mêlée dans le fossé : Amaury de Montfort y fut blessé, et Guy de Montfort eut les deux cuisses percées d'un coup que lui porta le comte de Comminges. Le général Simon fit les exploits les plus extraordinaires pour s'attacher la victoire. Un détachement ayant passé la Garonne avec lui pour envelopper Toulouse de tous côtés, il fut entièrement défait par le comte de Foix, qui venait d'entrer dans la ville. Alors on vit, pour la première fois, le comte de Montfort prendre la fuite. On fut même sur le point de le perdre ; car, comme il voulait se jeter dans un bateau, son cheval, qui était très-fatigué, ne pouvant s'élancer avec assez de force pour y porter son cavalier, tomba dans la Garonne avec le comte, que la pesanteur de ses armes emporta au fond de l'eau ; la force seule de Montfort lui sauva la vie. En effet, quoique son cheval n'eût plus assez de vigueur pour le repousser vers la surface de l'eau, néanmoins, malgré le poids de son armure, Montfort s'élança si vigoureusement que ceux qui étaient dans le bateau le reçurent entre leurs bras et le tirèrent à eux avec beaucoup de peine.

Cependant Raimond relevait rapidement partout ses murailles, et Montfort fut obligé de changer le siège de Toulouse en blocus, en attendant qu'une armée de cent mille hommes, levée par l'évêque de Toulouse et Jacques de Vitry, vint à son secours. Cette armée arriva en effet, et l'un crut voir alors la destruction prochaine de cette grande cité dans la ruine de Montauban.

Quelques-uns des Croisés étaient d'avis de faire la paix et de se servir de l'avantage qu'ils venaient de remporter pour rendre les conditions meilleures. Ceux qui opinaient pour la continuation de la guerre l'emportèrent. Dès-lors on commença par ruiner les environs de Toulouse. Les Croisés n'en demeurèrent pas là. Chargés de matières combustibles et enflammées, ils avancèrent jusqu'aux portes de la ville, dans l'espérance de la brûler. Mais les assiégés se présentèrent eux-mêmes si serrés et avec une si bonne contenance, qu'ils sauvèrent encore cette fois leur ville. Ils voulurent suivre l'heureux penchant que la fortune semblait donner à leurs affaires ; ainsi, au nombre de cinq mille, ils vinrent attaquer un nouveau quartier que les Croisés formaient devant Saint-Soubran, dans l'endroit où Simon de Montfort avait été défait l'année précédente par le comte de Foix ; la mêlée fut des plus furieuses ; mais ils n'eurent l'un sur l'autre aucun avantage.

Les Catholiques avaient poussé leurs travaux jusqu'à la contrescarpe, et ils avaient dressé une de ces machines qui servaient d'abord à couvrir ceux qui jetaient dans le fossé des fascines, et qui portaient ensuite jusqu'au pied de la muraille des travailleurs pour la saper. Les braves Toulousains délibérèrent sur ce qu'ils avaient à faire dans des conjonctures si fatales ; et le parti qu'ils prirent fut digne d'un peuple guerrier. Ils sortirent en bataille, les uns pour attaquer le camp de leurs ennemis, et les autres pour fondre sur leurs machines. Simon de Montfort était absent ; on vint l'avertir que les Toulousains sortaient au son de la trompette, et comme des gens qui avaient résolu de vaincre, à quelque prix que ce fût. Simon arriva ; il trouva les choses dans l'état qu'on lui avait annoncé. Les Albigeois faisaient retentir l'air de leurs cris de guerre, qui étaient *Toulouse* et *Beaucaire*, parce que ces villes rappelaient le souvenir de leurs plus grands avantages sur les Croisés. Leur joie ne dura que jusqu'à l'arrivée du général Simon de Montfort : son nom les consterna, sa présence les rompit, ses premiers coups les mirent en fuite. Il les poursuivit jusqu'aux murailles de la ville, d'où il tomba une quantité si prodigieuse de pierres, que le comte Simon de Montfort, qui ne pouvait s'en préserver, recula de quelques pas pour se mettre à couvert derrière les premières clayes qui étaient à la tête des machines. Ce fut là que Simon de Montfort, après avoir épuisé les ressources de son génie pendant huit mois, pour se rendre maître de cette place forte, fut écrasé par une énorme pierre lancée d'un mangonneau, le 25 juin de l'année 1218.

Ainsi périt cet homme extraordinaire, dont toute la conduite fut un mélange d'héroïsme, de perfidie et de cruauté, le tout inspiré par une ambition démesurée, couverte du voile imposant de la religion. Sa pompe funèbre se fit avec magnificence à Carcassonne, où on inhuma ses chairs. Ses ossemens, transportés au prieuré de Haute-Bruyère, près Montfort-l'Amaury, y furent enterrés au milieu de l'église, la coutume étant alors de séparer les os et les chairs des personnes de qualité après leur mort. Il existait dans cette même église une statue en pied du comte Simon. On lisait sur son tombeau l'épithaphe suivante :

> « Ce Simon, comme Mars, fut de guerre un orage,
> » Comme Pâris fut beau et comme Caton sage,
> » Si qu'alors qu'il mourut, on disait d'une voix,
> » Tous trois être avec lui morts encore une fois. »

Vulson de la Colombière nous apprend que son portrait existait dans la galerie du Palais-Royal, et qu'il portait pour armes *de gueules au lion d'argent, la queue fourchée et passée en sautoir ;* suivant le même auteur, les devises héroïques de Simon, comte de Montfort, étaient :

Un miroir ardent : *cœlitus ardet,* il brûle d'un feu céleste.

Le comte de Montfort était porté d'un zèle divin dans les combats.

Une lampe ardente. *Decus adjicit aris,* elle honore les Autels.

Le comte a maintenu le gloire de **Dieu** et de l'église, par le feu de sa courageuse piété, ainsi qu'il l'a fait voir contre les Albigeois.

Une fumée d'encens sortant d'un encensoir. *Pereundo numen honorat.* En consumant, elle rend honneur à Dieu.

Le comte de Monfort consumait ses jours, et mettait sa vie au hasard pour le service de Dieu.

Deux mains qui sortent d'une nue, avec un fusil frappé d'un caillou, *claret ab ictu*, son coup lui donne la clarté.

Le comte de Montfort trouva une mort glorieuse, par un coup de pierre qu'il reçut à Toulouse.

Alix, fille de Bouchard V, sire de Montmorency, qu'avait épousée Simon avant l'an 1191, morte le 22 février 1221 et inhumée auprès de lui, l'avait rendu père de trois filles, qui sont : Amicie femme de Gaucher de Joigny, seigneur de Château-Renard; Laure mariée à Gérard, sire de Pequigny; et Pérénelle, religieuse à Saint-Antoine-des-Champs près Paris. Simon eut en outre, avec la même femme, Amaury, qui suit; Gui comte de Bigorre, Robert mort sans alliance après l'an 1226; et Simon qui, étant offensé de ce que le Roi Saint-Louis et la Reine sa mère l'avaient empêché d'épouser Jeanne comtesse de Flandres et de Hainaut, passa en Angleterre, où il devint comte de Leycester. Ardent républicain, il se rendit aussi fameux à la tête de la noblesse anglaise soulevée contre son Roi pour la défense de la liberté publique, que son père l'avait été à la tête de la nation Française, armée pour la défense de la foi.

Le titre de Machabée, de défenseur de la religion, donné au comte Simon de Monfort fait présumer facilement que son nom se trouve plus d'une fois reproduit dans les annales ecclésiastiques, pour rappeler les dons qu'il fit et les établissemens religieux qu'il forma ou qu'il rétablit dans le Languedoc. Comme ces monumens de sa pitié ne subsistent plus depuis long-temps, on n'a pas jugé à propos de les énumérer ici, après tout ce qu'on a rapporté sur cet homme illustre; quant à ce qu'il a fait en ce genre, dans le domaine de ses pères, on doit savoir qu'il contribua, par ses dons, à la fondation de l'abbaye de Port-Royal, si fameuse par la suite;

il avait accordé les bois nécessaires pour la construction des bâtimens de cette abbaye ; il fonda aussi l'abbaye de Granchamp, qui
était située dans les environs de Montfort et qui fut livrée aux flammes par les Protestans en 1568, rétablie quelques années après,
et ruinée de nouveau, dans les guerres du 17ᵉ siècle.

CHAPITRE XIII.

(Espace de 23 ans.)

—

AMAURY VII,

COMTE DE MONTFORT ET CONNÉTABLE DE FRANCE.

1218. — Amaury VII, fils aîné de Simon IV, fut son suceesseur
au comté de Montfort. Tout jeune encore, il aida son père dans
la guerre qu'il entreprit contre les Albigeois, et faillit devenir victime, à Narbonne, d'une imprudente curiosité : Guy de Montfort
et lui étant allés dans cette ville, en 1812, pour assister au sacre d'un
archevêque, qui était Arnauld abbé de Citeaux, ils voulurent voir le
palais du vicomte de Narbonne, château alors fort mal entretenu ;
il y avait encore des fenêtres, mais en si mauvais état, qu'Amaury
en ayant voulu ouvrir une, elle tomba dans la cour du château :
cet événement ne produisit d'autre effet sur ceux qui étaient présens, que de les faire rire. Mais la renommée parla de cette avan-
ture de la manière la plus outrée ; à peine Amaury fut de retour
chez les Templiers où il logeait, que le bruit s'était répandu qu'il
voulait se rendre maître de Narbonne et qu'il avait commencé ses
violences par la démolition du château. On court aux armes ; on
fait main-basse sur les Français qu'on trouve ; on assiége la maison
des Templiers, et Amaury se jette dans une tour où il courut un
extrême danger de sa vie. On allait l'immoler à la haine publique,
lorsqu'un des bourgeois qui était mieux instruit, convainquit si
clairement les autres de leur extravagance, qu'ils la quittèrent aussi

brusquement qu'ils l'avaient commencée avec chaleur; ils firent mille excuses au jeune Amaury de Montfort.

L'année suivante, Simon IV résolut de faire conférer à Amaury l'ordre de chevalerie qu'il n'avait pas encore reçu.

C'était alors la coutume que les jeunes gens reçussent leurs premières armes de quelques grands seigneurs; mais Simon de Montfort donna une nouvelle solennité à cette cérémonie, en faisant remettre les armes à son fils par des ministres de la religion: ce fut l'évêque d'Orléans, Manassès, qui était venu se joindre aux Croisés et combattre avec eux, que Simon choisit pour armer son fils chevalier: l'évêque s'y refusa long-temps, car il sentait bien que par là il empiéterait sur les attributions des Seigneurs; le Général insista, et cette cérémonie eut lieu à Castelnaudary, où il avait établi son camp; on dressa une tente magnifique où Manassès dit l'office divin au milieu d'une multitude nombreuse; le comte Simon prit la main droite de son fils, la comtesse de Montfort, mère d'Amaury prit sa main gauche, et ils l'amenèrent ainsi tous deux à l'autel, où ils l'offrirent au Seigneur, en priant l'évêque de le faire chevalier dans la milice de Christ. Manassès, et l'évêque d'Auxerre, qui assistait à la cérémonie, ayant fléchi le genou, lui attachèrent à l'instant le baudrier militaire en entonnant l'hymne du *veni creator*. Cette manière tout-à-fait nouvelle d'armer un jeune guerrier, qui allait combattre pour la religion, fit une impression profonde et redoubla le zèle des soldats; c'est sans doute ce que Simon de Montfort avait en vue; car aussitôt que la cérémonie fut achevée, il partit pour une expédition qui lui réussit.

Cependant, une cérémonie plus solennelle encore attendait Amaury de Montfort à Carcassonne où il épousa Béatrix, fille d'André de Bourgogne, dit Guignes x du nom, Dauphin, comte d'Albon et de Viennois et de Béatrix de Chastelard. Les noces furent plus célèbres par la bénédiction que donna saint Dominique qui en fit la cérémonie, que par les autres réjouissances qu'Amaury dédaigna, croyant se rendre beaucoup plus digne de l'alliance de Béatrix en lui soummettant des villes et des provinces, qu'en prodiguant vainement de grandes sommes d'argent. Maurillac, excellente forteresse de Rouergue, Montpezat, Marmande, qui appartenait au Roi d'Angleterre, la Réole et plusieurs autres villes furent bientôt la conquête d'Amaury de Montfort, sous les ordres de son père, et il vint offrir ses premiers lauriers à sa jeune épouse, pour mériter de plus en plus son estime : il eut part à la réduction de Casseneuil et fut même, à cette occasion, en danger d'être fait prisonnier par les Albigeois, qui pénétrèrent une fois pendant la nuit si avant dans sa tente qu'on eut toutes les peines du monde à empêcher qu'ils ne l'enlevassent. Amaury de Montfort fut blessé devant le siège de Toulouse, après s'être jeté au milieu de la mêlée dans le fossé ; et quelque temps après, Simon son père y ayant été tué, ainsi qu'on l'a rapporté ci-dessus, Amaury lui succéda dans le commandement ; mais il n'avait pas encore assez d'expérience pour soutenir seul un parti où il fallait que les qualités de général suppléassent sans cesse au défaut d'argent, au desir que les troupes avaient de se retirer, et au vide que la perte de Montfort semblait laisser dans tous les rangs de l'armée. Au contraire, les Toulousains avaient une assurance qui les rendait invincibles : ils soutinrent si vaillamment tous les assauts que leur livra le comte Amaury, que les Croisés furent obligés de lever le siége et d'abandonner le château Narbonnais, environ six semaines après la mort du comte Simon.

La levée du siège de Toulouse fut un coup aussi fatal à la ligue que l'avait été la perte de Montfort ; car les Albigeois se mirent aussitôt en campagne, avec le jeune Raimond ; et sans tirer l'épée ils entrèrent dans Castelnaudary. Les tentatives inutiles que fit Amaury pour recouvrer cette place, devant laquelle il perdit son frère Guy comte de Bigorre, furent un nouveau malheur, après lequel tout plia devant les Languedociens.

La guerre continua ainsi pendant quatre ou cinq ans, et dans cet intervalle les Albigeois ayant perdu leurs deux plus fermes soutiens, Raimond le vieux et le comte de Foix, Amaury parut reprendre un instant le dessus ; la démolition qu'il fit de l'Escure, la prise de la Bastide, qui appartenait à Dieu-Donné l'Allemand, et l'échec qu'il fit recevoir au jeune Raimond, en le forçant à lever le siège de Pêne-d'Agénois, furent pour Amaury une espèce de calme au milieu de la tempête.

Alors il fut question d'accommodement : on proposa de faire épouser au jeune Raimond une sœur d'Amaury, la belle Amicie de Montfort, celle-là même que Pierre, roi d'Aragon, avait demandée pour Jacques, son fils unique, et qui ne l'épousa pas à cause de la division qui survint entre Pierre et Simon de Montfort. Mais ce nouveau mariage n'eut pas lieu. On n'en dit point la raison ; il paraîtrait seulement qu'Amicie de Montfort avait une inclination pour Gaucher de Joigny, seigneur de Château-Renard, puisqu'elle l'épousa quelque temps après.

Avec la proposition de ce mariage on vit rentrer un instant, dans le Languedoc, la paix, sous le nom de trève. Raimond vint à Carcassonne et il marqua une confiance entière au comte Amaury ; car il laissa ses gardes dans le faubourg, et il entra sans suite dans la ville où, pour se divertir, il fit répandre le bruit qu'il s'était maladroitement jeté dans le piége et qu'on l'avait arrêté. Peut-être bien des gens approuveraient la conduite d'Amaury, si, par un coup de cette sorte, il était effectivement redevenu possesseur paisible du Languedoc ; mais la réputation d'homme d'honneur et de parole lui parut préférable à un si grand intérêt.

Pendant son séjour à Carcassonne, Raimond, profitant de la sécurité d'Amaury, examina sérieusement le fort et le faible de la place, et il se joignit ensuite avec Bernard, comte de Foix, pour recommencer la guerre. Le prétexte fut le desir de rétablir Trincavel, fils du vicomte de Béziers, sur qui les Croisés avaient pris Carcassonne.

Le nom du jeune Trincavel réveilla l'amour que les peuples avaient pour lui. Toutes les places, excepté Carcassonne, se rendirent dès que Trincavel les en fit sommer. Amaury se renferma dans Carcassonne, la seule ville qui lui restait, quoiqu'il n'eût aucun

secours à espérer, ni du côté de la France, ni du côté du Languedoc ; il y soutint les assauts des Albigeois avec une résolution et
une sagesse qui fit dire que, s'il avait eu des armées aussi nombreuses que celles de son père, il en eût égalé la gloire.

Néanmoins les affaires d'Amaury n'en allaient pas mieux. On
venait de révoquer les indulgences accordées à ceux qui se croi-
saient contre les Albigeois, et Rome cherchait à s'accommoder
avec Raimond, qu'elle désespérait de chasser de ses états. Amaury
aima mieux tout perdre que de voir le Languedoc, l'Agenois et le
Quercy, retomber sous la domination de son concurrent. Ne
pouvant donc recouvrer les provinces qu'il avait perdues depuis la
mort du comte son père, il résolut de faire au roi une conces-
sion générale de ses droits et de ses prétentions, à condition qu'il
le dédommagerait d'ailleurs et se chargerait avec serment d'attaquer et de détruire les Albigeois. Louis VIII accepta avec plaisir
une cession si avantageuse et une si belle occasion de réunir
plusieurs belles provinces à sa couronne. Un des avantages qu'il
fit à cette occasion, à Amaury de Montfort, fut de lui donner la
charge de connétable de France (1), vacante par la mort de Mathieu de Montmorency II du nom son oncle. Ce traité eut lieu
à Paris, au mois de février : l'acte porte qu'Amaury, seigneur de
» Montfort, quitte à son seigneur Louis, illustre roi des Français,
» et à ses héritiers, à perpétuité, toutes les donations que Rome
» avait faites à Simon, son père. » Alors il abandonna la qualité
de duc de Narbonne et de comte de Toulouse, se contentant de
celle de comte de Montfort.

____

(1) La fonction de connétable, sous la première et la seconde race de nos
rois, était d'avoir le commandement de l'écurie, et elle n'était point diffé-
rente de celle du grand écuyer et du premier écuyer. Cette charge est devenue plus considérable sous la troisième race ; le connétable signait, comme
grand officier, les lettres de nos rois, sous le règne de Philippe Ier et Mathieu de Montmorency, pourvu de cette dignité sous celui de Louis VIII,
l'a si fort élevée, qu'elle est devenue la première de la couronne ; le connétable était, après le roi, le chef souverain des armées de France.

Suivant les conditions du traité, Louis VIII continua la guerre aux Albigeois. Amaury l'accompagna toujours ; mais la mort arrêta ce monarque au milieu de ses conquêtes. Quelques instans avant de mourir, il fit appeler le connétable de Montfort pour lui recommander particulièrement son jeune fils, Louis IX. Ce seigneur se distingua par l'attachement inviolable qu'il eut pour le bien de l'état pendant la minorité du jeune roi.

Ainsi la famille de Montfort était parvenue à son plus haut point de splendeur, et les possessions de cette maison étaient par conséquent très-grandes dans le royaume ; comme on peut l'induire des échanges et traités que fit le seigneur de Montfort avec divers abbés (1). Il donna surtout de grandes quantités de terres, telles que cent soixante arpens à l'abbaye de la Roche-Guyon, qu'avait fondée Guy de Levis, maréchal du comte de Montfort, son père.

Mais la famille de Montfort acquit encore un nouveau lustre par la mort d'Amicie, comtesse de Leycester, qui avait épousé Simon-le-Chauve, seigneur de Montfort, aïeul d'Amaury, et s'était mariée en secondes noces ; les enfans de son premier lit étaient ses héritiers ; ses petits-fils, Amaury et Simon, lui succédèrent au comté de Leycester, avec l'agrément de Henri III, roi d'Angleterre, qui fit Simon de Montfort, sénéchal de son royaume ; car, Amaury n'ayant pu quitter la France, à cause de sa charge de connétable, Simon de Montfort, son frère puîné, était allé s'en mettre en possession, et dès-lors il prit la qualité de comte de Leycester. Le connétable, dans un voyage qu'il fit en Angleterre, céda à son frère Simon, par des lettres passées dans le palais de Westminster, le 11 avril 1239, en présence du roi Henri, tous les droits qu'il avait au comté de Leycester.

A son retour en France, le connétable de Montfort apprit qu'une grande croisade allait se faire pour la Palestine. Il voulut en faire partie. Mais, afin de donner du succès à ses armes, il

---

(1) Voir la Gaule Chrétienne, tome 7.

fonda, suivant une charte donnée à Gambais, au mois de juin de l'année 1239, l'hôpital et hôtel Dieu de la ville de Montfort.

Le roi de France lui avait donné cent mille livres, pour le défrayer des dépenses de la guerre dans la Terre-Sainte, et trente-cinq mille livres pour le ramener en France, lui, sa femme et ses enfans. La comtesse de Boulogne lui fit don de deux cents livres de rente, sur la terre de l'île Bonne; après quoi il s'embarqua au port de Marseille avec le roi de Navarre, le duc de Bretagne et le comte de Bar; ils arrivèrent heureusement à Acre. Mais à peine furent ils débarqués que la mésintelligence régna parmi eux. Le duc de Bretagne, sans prendre avis de personne, alla faire une course sur les infidèles du pays, et revint chargé de dépouilles. Ce succès donna envie, à ceux qui étaient restés, de tenter la même fortune: Amaury de Montfort était du nombre. Ils marchèrent pendant toute la nuit et se rendirent du côté de Gaza, si épuisés de fatigue, qu'ils ne pouvaient à peine se soutenir. En cet état ils furent attaqués par les Turcs, et, quoiqu'ils se défendissent courageusement, ils furent tous tués ou faits prisonniers. Le connétable Amaury VII de Montfort fut pris et mené à Babylone, où il demeura pendant trois ans en captivité.

Après avoir recouvré sa liberté, Amaury de Montfort s'étant mis en chemin pour revenir en France, mourut à Otrante, d'un flux de sang, et reçut la sépulture dans l'église Saint-Pierre de Rome. Les mémoires tirés de l'abbaye de Haute-Bruyère, portent qu'il fut enterré à Saint-Jean-de-Latran, en Italie, par ordre du pape Célestin IV, et que son cœur fut envoyé à Haute-Bruyère, où Albéric, évêque de Chartres, l'enferma dans l'épaule gauche de la statue, qui représentait ce connétable et qui était placée sur un pillier, proche la grande grille du chœur, regardant le maître-autel, vis-à-vis celle de son père Simon IV.

Michel Volaterran, qui traite de la vie des papes, rapporte son épitaphe qu'on a traduite en français de la manière suivante :

« Ici git Amaury, comte de Montfort, connétable de France, lequel va-
» leureusement et souvent, a bataillé pour la foi catholique; après, passa la

» mer pour se battre contre les Sarazins ; vers les portes de Syrie, pris par
» eux, fut détenu prisonnier ; à la fin, fut délivré par une trêve, et, reve-
» nant à sa patrie, finit sa vie à Otrante, l'an de grâce 1241. »

L'épitaphe gravée au pied de sa statue, placée à main gauche
du maître-autel de l'église de Hautes-Bruyères, était ainsi conçue :

> « Ce temple est le lieu où lessor
> « De l'implacable destiner
> « A des preux comtes de Montfort
> « L'antique famille inhumer ;
> » Et celui dont sur ce tombeau
> » On verrait un image si beau,
> » C'est de Simon la géniture,
> » Et d'Amaury la pourtraiture.

Ce connétable est peint sur les vitres de l'église Notre-Dame de
Chartres, où on le voit à cheval avec son frère le comte de Leycester. Le titre en est dans le chartrier de cette église :

Les enfans qu'eut le comte Amaury de Montfort, avec sa femme
Béatrix, sont :

1º Jean Iᵉʳ., comte de Montfort, qui suit : 2º Marguerite qui
épousa Jean III comte de Soissons. 3º Laure mariée d'abord à
Ferdinand, infant de Castille, comte d'Aumale, et ensuite à
Henry de Grandpré, seigneur de Buzancy. 4º Alix, dame de
Houdan, qui fut mariée à Simon de Clermont, seigneur de Nesle,
régent du royaume en 1270 ; et à l'occasion de ce mariage, qui eut
lieu en 1242, Amaury avait donné à sa fille les baronie et châtellenie de Houdan, avec la mouvance féodale de Thionville et de
Boutigny. 5º Enfin, Pernelle, abbesse de Port-Royal des Champs
près Paris, qui vivait en l'année 1275.

CHAPITRE XIV.

(Espace de 8 ans.)

—

JEAN Ier,

COMTE DE MONTFORT – L'AMAURY.

1241.— Jean de Montfort était le seul fils d'Amaury, connétable de France et son successeur. Jaloux de la gloire de ses aïeux, il n'avait pas encore eu l'occasion de se distinguer, lorsqu'enfin Saint-Louis ayant fait publier sa première croisade, en 1248, le nouveau comte de Montfort entreprit le voyage de la Terre-Sainte, ignorant qu'il courait à sa perte.

L'armée française s'embarqua le 25 août de la même année, à Aigues-Mortes, et, après un trajet de trois semaines, arriva à l'île de Chypre, au port de Limisso, sur la côte orientale de l'île où Henry de Lusignan, roi de Chypre, reçut le monarque de France à la tête de la noblesse de son royaume.

Mais cette île, par les délices qu'elle offrait aux étrangers, devint, pour les Français, une nouvelle Capoue. La bonne chère et la débauche occasionnèrent parmi eux, une espèce de peste qui emporta beaucoup de monde. Le comte Jean de Montfort fut de ce nombre, et il ne put réaliser les grandes espérances qu'il avait de se distinguer. Avec lui, s'est éteinte la branche masculine de la famille de Montfort. On va voir à présent les domaines de cette maison, passer successivement dans d'autres mains.

Jean de Montfort avait épousé, du vivant de son père, Jeanne de Châteaudun, dame de Château du Loire fille aînée de Geoffroy IVe du nom, vicomte de Châteaudun et de Clémence Desroches : il ne laissa qu'une fille héritière de ses grands biens, nommée *Béatrix, comtesse de Montfort*, dont nous allons parler.

CHAPITRE XV.

(Espace de 62 ans.)

—

BÉATRIX,

COMTESSE DE MONTFORT ET DAME DE ROCHEFORT.

1250. — Fille unique de Jean Ier, et héritière de toutes les terres que ce comte possédait en France, Béatrix, comtesse de Montfort fut recherchée par les plus grands seigneurs du royaume. Elle porta les domaines de la maison de Montfort dans celle de Dreux, en épousant le comte Robert IV, dont elle eut une fille nommée Yolande, dame de Montfort, qui suit. La comtesse Béatrix mourut le 9 mars 1312, et fut enterrée dans le cœur de l'église de Haute-Bruyère, sous une tombe de marbre noir, selon le P. Anselme : elle termine la branche de la maison de Hainaut.

Outre les seigneurs de Montfort dont on vient de tracer l'histoire, d'autres membres de cette famille, tels que le comte de Leycester et Guy de Montfort, déjà cités, se sont distingués tant en Angleterre, que dans la Terre-Sainte. En 1261, Philippe de Montfort, cousin germain d'Amaury le connétable, apporta de Bénévent les dépouilles de Saint-Barthelemy au château de Montfort-l'Amaury, où elles furent transférées en grande pompe et reçues des mains de l'évêque de Chartres, par l'abbé de Joyenval.

Il y eut aussi des membres de la famille de Montfort qui s'établirent en Sicile.

SECONDE PÉRIODE.

BRANCHE DES DUCS DE BRETAGNE.

CHAPITRE SEIZE.

(Espace de 28 ans.)

YOLANDE DE DREUX,

COMTESSE DE MONTFORT–L'AMAURY ET DUCHESSE DE BRETAGNE.

An 1312.

A la mort de Béatrix, Yolande de Dreux, sa fille recueillit toutes les possessions du comté de Montfort–l'Amaury.

Yolande avait épousé en premières noces Alexandre III, roi d'Écosse. Devenue veuve, elle s'était remariée, en 1292 ou 1294, avec Artur II, son cousin, duc de Bretagne, aussi veuf et ayant deux enfans, Jean III, qui lui succéda et Guy, comte de Penthièvre. Arthur eut, de son second mariage avec Yolande, Jean IV, dit de Montfort, qui devint duc de Bretagne par suite de la mort de ses deux frères consanguins.

Cependant le comte de Penthièvre, l'un d'eux, avait laissé une fille unique, nommée Jeanne la Boîteuse, femme de Charles de Blois et de Châtillon, que le duc Jean III, son oncle, régnant alors, avait regardée, jusqu'à sa mort, comme son héritière, n'ayant aucun enfant et croyant que son frère Guy devait être représenté par sa fille à l'exclusion de Jean de Montfort, qui était enfant d'un second lit.

On va voir dans le chapitre suivant, comment ce dernier, non content du bel héritage que lui laissa sa mère Yolande, mit tout en œuvre pour y joindre encore le duché de Bretagne, qui avait appartenu à son frère consanguin Jean III, et comment il entama, à main armée, au préjudice de Jeanne de Penthièvre sa propre nièce, qui, suivant les lois du pays en était la seule et véritable héritière, une sorte de spoliation que son fils acheva dans la suite; « car, comme il était vaillant, hardi et entreprenant, il « poursuivit tellement sa pointe et son dessein (disent MM. de « Saint-Marthe, dans leur Histoire générale de la maison de France), « que sa postérité se trouva en possession de ce duché, après que « lui et son fils aîné, nommé Jean V, eurent soutenu de grandes « guerres contre Charles de Blois. »

CHAPITRE XVII (1).

(Espace de 4 ans.)

—

JEAN IV,

COMTE DE MONTFORT – L'AMAURY ET DE DREUX.

1340. — Jean de Montfort, fils d'Yolande et d'Arthur, eut à peine succédé au comté de Montfort-l'Amaury et à celui de Dreux, qu'il se rendit en Bretagne pour disputer à sa nièce Jeanne, surnommée *la Boîteuse*, le duché de son père, vacant par la mort de Jean III, son frère aîné, qui en avait été le duc pendant 28 ans. Il alla d'abord à Nantes, où il se fit reconnaître duc de Bretagne par les habitans, et y convoqua une assemblée des prélats et de la noblesse. Pendant qu'elle se formait, il alla s'emparer, à Limoges,

---

(1) Ce chapitre et le suivant sont extraits, en partie, d'un ouvrage ayant pour titre : *La France sous les cinq premiers Valois.*

du véritable instrument de la puissance, et enlever les trésors que le dernier duc y avait amassés.

Il revint à Nantes, où il vit la plus grande partie des barons se déclarer pour son rival, Charles de Blois, époux de Jeanne la Boîteuse. Mais avec l'argent dont il s'était emparé, il se fit des partisans et eut des troupes. Il commença la guerre; Chantonceaux se rendit à lui sans résistance, et Brest, après une défense vigoureuse; Rennes résista peu, Hennebon, Auray et d'autres places furent obligées de se soumettre.

La prospérité de Montfort était brillante, mais fragile : lui-même sentait le besoin d'un appui, et se procura celui de l'Angleterre. Il fit à Edouard hommage de la Bretagne. Ce prince avait autrefois soutenu les droits de Jeanne de Penthièvre, parce qu'il espérait qu'elle serait l'épouse de son frère. Il reconnut ceux de Jean de Montfort, pour en faire un ennemi de Philippe, afin de partager avec lui les trésors du dernier duc, et de se procurer en France une entrée facile.

En 1341, Jean de Montfort est assigné à la cour des pairs; il se présente; il soutient qu'il n'a fait aucun hommage au roi d'Angleterre et qu'il a des droits incontestables au duché de Bretagne. Il promet au roi de ne pas quitter Paris que ses droits n'aient été jugés par les pairs et s'évade avec peu de suite. C'était donner un grand avantage à son rival : les défenseurs de Charles de Blois appuyaient ses droits sur la coutume de Bretagne, suivant laquelle les enfans, quels que fût leur sexe, représentaient leurs pères et excluaient les oncles. Si Guy de Penthièvre, plus âgé que son frère Jean de Montfort, eût survécu, disaient-ils, au dernier duc, on ne lui aurait pas disputé le duché; on ne pouvait donc le disputer à sa fille qui le représentait. Comment nier en effet que la Bretagne fût un fief féminin, puisqu'elle n'était passée à la maison de Dreux que par le mariage de Pierre de Mauclair avec Alix? Ces raisons paraissaient sans replique. Cependant, les partisans de Montfort y trouvaient des réponses spécieuses : ils ajoutaient l'autorité de Moïse et du livre des Nombres, soutenant que les droits de Jean de Montfort, appuyés d'une loi sacrée, devaient l'emporter sur ceux de son rival qui n'avait pour lui qu'une loi profane. La justice et la nature firent pencher le roi de France, Philippe, en faveur de son neveu : Charles de Blois fut reçu à foi et hommage par arrêt du parlement et tous les droits de Jeanne de Penthièvre furent reconnus.

Le duc de Normandie, accompagné des ducs de Bourbon, d'Alençon et de Bourgogne, et du connétable de France, conduisit Charles de Blois en Bretagne. Cinq mille hommes, d'autres disent dix mille, sans compter les Génois et les gens de trait, lui composaient une armée alors formidable. Les habitans de Nantes avaient été les premiers à reconnaître Montfort : il était au milieu d'eux ; mais leurs dispositions étaient changées. On a prétendu qu'ils avaient secrètement traité avec ses ennemis, et livré une de de leurs portes. On a même ajouté qu'il avait été trahi par Henri de Léon, qui, seul entre les chevaliers, lui avait rendu d'abord un hommage volontaire. La vérité est que Montfort, connaissant les dispositions des Nantais, traita avec le duc de Normandie, et se rendit à ce prince, la vie sauve. Il fut conduit à Paris et enfermé dans la tour du Louvre. La comtesse de Montfort, son épouse, livrée jusqu'alors aux occupations paisibles de son sexe, était à Rennes pendant qu'on enlevait à Nantes son époux. Elle s'appelait Jeanne, fille de Louis de Flandres, comte de Nevers. C'était une femme courageuse, d'une beauté parfaite, capable d'enflammer tous les cœurs par les grâces de sa figure et les charmes de son esprit et de son caractère. Au milieu d'une cour paisible et brillante, elle était la souveraine du monde la plus douce et la plus aimable, remplie d'obligeance, indulgente, libérale et familière ; mais dans les momens critiques où elle avait besoin de montrer de la force et de la fermeté, on la voyait s'élever pour ainsi dire au-dessus d'elle-même : elle possédait alors cette éloquence mâle, toujours efficace, qui subjugue les esprits quand elle n'a pu les persuader ; cette majesté qui tantôt fait adorer la souveraine, et tantôt la fait craindre ; ce coup d'œil lumineux, exempt de frayeur et de trouble, qui est propre aux grands généraux et qui distingue leurs talents d'avec la bravoure ordinaire du soldat ou du simple officier. *Elle avait bien cœur de lion*, dit Froissard. La frayeur, qui abat les âmes faibles, ne lui inspire que du courage. Elle présente aux bourgeois son fils encore enfant; elle le présente aux guerriers: on la voit dans toutes les places qui n'ont pas reconnu l'ennemi de son époux; partout elle fait passer dans les cœurs la force de son âme. Elle implore l'assistance d'Edouard, roi d'Angleterre, elle offre son fils et le duché de Bretagne à l'une des filles de ce prince. Mauni, général anglais, est chargé de lui amener des secours: les vents contraires le tourmentent six semaines et l'écartent de la Bretagne.

Pendant qu'il était battu par la tempête, la ville de Rennes s'était rendue à Charles de Blois. La Comtesse était à Hennebon : les Français y viennent mettre le siége. L'héroïne, couverte d'une armure de fer et montée sur un coursier, partage les fatigues des assiégés, les encourage et les console. Les femmes, les jeunes filles, oublient sous ses yeux la faiblesse et la timidité de leur sexe; elles enlèvent les pavés des rues, les lancent aux assiégeans, et jettent sur eux des vases pleins de chaux vive.

Repoussés à un premier assaut, les Français en tentent un second. La Comtesse monte sur la tour la plus élevée, elle voit que les seigneurs avides de combats ont tous abandonné leurs pavillons. Elle sort avec trois cents hommes de cheval, ne trouve au camp des Français que des valets, qui prennent la fuite; déchire les tentes, y met le feu. A la vue de l'incendie, l'assaut est abandonné; mais le retour est fermé à l'héroïne : elle prend la route d'Auray, et s'y renferme, après avoir perdu les plus mal montés de ses cavaliers.

Les defenseurs d'Hennebon avaient perdu courage avec celle qui l'inspirait; mais après cinq jours d'abattement et de douleur, ils la voient au milieu d'eux, suivie de six cents hommes qu'elle avait rassemblés. Le son des trompettes annonce aux Français le.

retour de leur vaillante ennemie. Dans leur dépit, ils donnent un nouvel assaut, qui fut inutilement meurtrier.

Cependant les longues fatigues des assiégés allaient rester sans récompense : affaiblis, découragés, sans espérance de secours, ils pressaient la comtesse de Montfort de se rendre : elle résistait, mais elle allait être obligée de céder à la force. Elle monte sur la plus haute tour, et aperçoit des vaisseaux : c'était la flotte anglaise. Le brave Mauni entre dans Hennebon, et sans se reposer, il fait une sortie le même jour. Les machines des assiégeans sont mises en pièces et leurs pavillons en cendres. Mauni ne rentre que lorsqu'il est près d'être accablé par le nombre. La Comtesse descend du château, et *vient*, dit Froissard avec sa naïveté ordinaire, *baiser Gautier de Mauni et ses compagnons, les uns après les autres, deux ou trois fois, comme vaillante dame*. Il fallut lever le siége.

Les deux partis Bretons épuisés par des pertes et des succès, travaillaient à réparer leurs forces et à s'en procurer de nouvelles ; la comtesse de Montfort était passée en Angleterre pour solliciter du Roi Édouard des secours plus puissans, et ramenait avec elle, Robert d'Artois, ennemi d'autant plus acharné contre la France, qu'elle était sa patrie et qu'il l'avait abjurée. Louis d'Espagne les attendait à la hauteur de l'île de Garnesey ; sa flotte était composée de trente deux gros vaisseaux montés de trois mille Génois et de mille hommes d'armes. Celle de Robert d'Artois était plus nombreuse en bâtimens ; on se rencontra et le combat fut terrible : la comtesse de Montfort, armée d'un glaive tranchant, donnait aux guerriers l'exemple du courage.

Mais alors une trève de trois ans fut convenue entre la France et l'Angleterre, et suspendit les hostilités. Cette trève manqua d'être rompue par Édouard, jaloux de venger la mort de Clisson, chevalier breton et d'autres seigneurs de France, qui avaient eu la tête tranchée pour l'avoir servi secrètement contre leur patrie.

La veuve de Clisson prit elle-même les armes pour venger son époux, et enleva par surprise un château qui tenait pour Charles de Blois. Ne pouvant s'y maintenir avec la faible troupe qu'elle avait rassemblée, elle s'embarqua, et fit la guerre à tous les marchands français qu'elle rencontra en mer. Enfin, digne par son courage d'être accueillie d'une héroïne, elle se retira près de la comtesse de Montfort : elle n'avait pas craint de conduire au milieu des dangers Olivier son fils.

La guerre s'était renouvelée en Bretagne, à l'expiration de la trève ; Montfort, sorti de la tour du Louvre à condition de ne pas rentrer dans cette province, tint mal sa parole ; repoussé devant Quimpercorentin, et faiblement secondé par Édouard, que ses intérêts occupaient ailleurs, il vint mourir de chagrin à Hennebon en 1344 et fut enseveli au couvent des Jacobins de Kemperlé.

CHAPITRE XVIII.

(Espace de 56 ans.)

—

JEAN V.

COMTE DE MONTFORT ET DUC DE BRETAGNE.

1344. — Après la mort de Jean IV, sa courageuse veuve Jeanne de Flandre continua la guerre au nom de son fils unique, surnommé Jean V. Quelques guerriers, venus d'Angleterre à son secours, prennent la Roche-de-Rien ; ils en sont à peine maîtres par la connivence des habitans, qu'ils s'y voient assiégés par Charles de Blois. Tannegui du Châtel, seigneur breton, qui soutenait le roi d'Angleterre et Montfort, s'avance avec des forces supérieures pour sauver la place : Charles est surpris, et cependant il reste vainqueur. Les vaincus reprenaient le chemin d'Hennebon ; ils rencontrent Cadudal, chevalier, qui leur rend le courage : on était loin de les craindre après leur défaite ; ils retournent au camp ennemi, et n'y trouvent que des guerriers plongés dans un profond sommeil. On combattit sans avoir eu le temps de s'armer, Charles de Blois perdit la bataille et la liberté; mais son épouse non moins courageuse que la veuve de Montfort, continua la guerre, et la Bretagne fut ensanglantée de nouveau par la valeur de ces deux héroïnes : il y eut cependant encore une trève de quelques années, pendant lesquelles Charles de Blois fut remis en liberté; mais en l'année 1360, les hostilités recommencèrent; et Charles de Blois, qui, le premier avait pris les armes, et qui déjà s'était rendu maître de quelques places, entreprit le siège de Bécherel, forteresse redoutable. Le jeune Montfort, surnommée Jean V, vint au secours des assiégés; les deux armées étaient en ordre de bataille, on n'attendait plus que le signal du combat; des négociations commencent; Montfort, d'abord inflexible, relâche enfin de ses intérêts; on convient que les deux rivaux porteront le titre de duc de Bretagne : il se fait entr'eux un partage fraternel. Rennes fut assignée pour capitale des états cédés à Charles de Blois, et Nantes resta celle des pays que se réservait Montfort.

Comme Charles de Blois ne tenait ses droits sur la Bretagne que de la comtesse de Penthièvre son épouse, il crut devoir lui envoyer le traité et lui demander sa ratification. Les deux parties contractantes, en attendant que cette Princesse mît à la paix le dernier sceau, se donnèrent mutuellement des otages.

La comtesse avait autant de hauteur et d'ambition que son époux de douceur et de piété : elle reçut avec indignation un traité qui la dépouillait, disait-elle, de la moitié de son héritage. Charles de Blois n'eut pas la fermeté de tenir une convention que désapprouvait son épouse, et la même faiblesse de caractère que l'on prenait en lui pour de la vertu, le fit manquer à sa parole; des négociations retardèrent le renouvellement des hostilités; les deux prétendans au duché de Bretagne eurent, à Poitiers, en présence du prince de Galles, une entrevue inutile. Enfin la guerre recommença; Jean de Montfort investit Auray, et Charles de Blois rassembla des troupes pour défendre cette place.

Ce fut alors que les Anglais, qui soutenaient, en Normandie, les intérêts du roi de Navarre, vinrent appuyer en Bretagne, ceux de Montfort, et que les Français, conduits par Duguesclin, laissèrent respirer le roi de Navarre pour défendre la cause de Charles de Blois.

Les deux armées se trouvèrent en présence à la vue d'Auray ; chacune d'elles commandées par un héros, Duguesclin, Chandos, dignes de se combattre, capables de s'estimer, assez généreux pour se rendre une justice mutuelle. Les deux camps, établis dans une prairie, n'étaient séparés que par un ruisseau. Chandos observa les dispositions de Duguesclin, et trop grand pour être envieux, trop sincère pour cacher son admiration, il mit toute son habileté à ne le pas céder à son émule. Mais s'il trouvait des ressources dans son talent, il ne trouvait pas moins d'obstacles dans l'indiscipline des troupes dont il devait guider le courage. A l'exemple de son savant ennemi, il partagea ses forces en trois corps de bataille, et forma un corps de réserve : ce corps, dont il attendait de grands avantages, ne pouvait être commandé que par un général habile. Hugues de Caverlé fixa son choix, mais celui-ci ne reçut qu'avec mépris cette marque de confiance ; il prétendait avoir donné déjà d'assez brillantes preuves de son courage pour mériter de combattre à la tête des premiers rangs. Chandos employa long-temps en vain pour le fléchir, les raisons et les prières ; il ne put vaincre les orgueilleux refus du chevalier, qu'en lui disant : « Il faut que vous le fassiez ou que je le fasse : or regardez lequel vaut mieux ? »

Cependant les deux armées se menaçaient et l'on négociait encore. Beaumanoir, attaché au comte de Blois, et que son courage et sa naissance, ses talens et sa fortune distinguaient entre les Bretons, passait d'une armée à l'autre : il eût peut-être recueilli le fruit de ses vertueuses fatigues. Chandos rompt les négociations par une supercherie trop indigne de sa grande âme, et ne rougit pas de tromper à la fois Montfort et Beaumanoir. Il avertit celui-ci de prendre soin de sa vie menacée par Montfort, qui veut absolument combattre, sûr que Beaumanoir n'osera plus plus paraître dans le camp. Il annonce à Montfort que Charles demande la bataille, et veut, avant la fin du jour être duc de Bretagne ou périr. Les deux rivaux, également irrités par cette confidence, ne pensent plus qu'à combattre.

Qui croirait que Chandos ne se permit cette imposture que par un sentiment d'humanité; tant la vertu la plus pure a besoin de lumières! Lui-même était ami de la paix, et aurait secondé Beaumanoir. Mais des chevaliers anglais, dont les apprêts guerriers et les frais de campagne avaient épuisé la fortune, voyaient avec douleur une paix qui assurait leur ruine. Il se souilla d'un mensonge funeste pour les consoler. L'ambition de la comtesse de Penthièvre, la soumission de son époux aux volontés de cette femme altière suffisaient pour rendre vaines toutes les tentatives de paix.

Duguesclin avait rangé son armée dans un parc qui lui servait de retranchement: il voulait attendre l'ennemi dans ce poste, défendre le ruisseau qu'il avait devant lui et laisser à l'armée de Montfort le désavantage de la franchir. On célèbre le courage du comte de Blois; mais il n'avait pas assez de lumières pour sentir la sagesse de ces dispositions. Incapable d'estimer la valeur qui consulte la raison, il renonce à tous les avantages que son général lui a préparés, fait sortir ses troupes du parc qu'elles occupent et les conduit de l'autre côté du ruisseau. Sans doute, son aveuglement fut trop sévèrement puni; la brillante chevalerie qui avait embrassé sa cause et qu'il conduisait à sa perte, fut prise et taillée en pièces. Hugues de Caverlé, qui avait dédaigné de commander l'arrière-garde de Montfort, contribua surtout, à la tête de cette arrière-garde, à donner la victoire à son parti. Partout il soutenait les corps prêts à plier, partout il consommait la défaite des ennemis qui fléchissaient. Le courageux Duguesclin, enveloppé, couvert de blessures, affaibli par la fatigue, et par la perte de son sang, ne se rendit qu'au brave Chandos. Charles de Blois fut tué: on croit que le parti de Montfort avait résolu de ne pas le faire prisonnier, mais de l'égorger sur la place pour terminer la guerre, et que l'armée de Charles de Blois réservait à Montfort la même destinée s'il eut été vaincu : tant on était las de part et d'autre de la longue querelle de ces deux rivaux! Montfort donna des larmes à son ennemi qui n'était plus, et joignit à la gloire qu'il venait d'acquitter, celle de lui faire de magnifiques obsèques.

La mort de Charles de Blois est racontée ailleurs avec des circonstances bien différentes. Couvert de blessures et couché parmi les morts, il fut reconnu, dit-on, par un écuyer, qui le conduisit au vainqueur. Jean de Montfort lui ordonna, d'un ton menaçant, de renoncer au duché de Bretagne. Le vaincu, en qui le malheur n'avait point éteint la fierté, soutient encore les droits que lui avait enlevés sa défaite, reprochant à son rival le vice de sa naissance et l'opprobre de sa mère. Montfort le fit poignarder sous ses yeux. Un cordelier, homme d'une vigueur peu commune, chargea sur ses épaules le cadavre abandonné et le fit enterrer dans son couvent.

Auray, Vannes, Jugon, Dinan, Quimper, obéirent à la fortune et se soumirent au vainqueur. La comtesse de Penthièvre, dépouillée de ses espérances pour n'avoir pas voulu mettre de bornes à son ambition alla chercher un asile dans l'Anjou. Après vingt-trois années d'incertitude le grand procès de la Bretagne était décidé par la victoire : la noblesse brétonne se soumettait à ce jugement. Il fallait que le roi de France le reconnût ou trahît les intérêts de l'état. Le roi de Navarre continuait la guerre ; Montfort ne pouvait manquer de trouver dans Edouard un protecteur en lui faisant hommage de la Bretagne. Les fils de Charles de Blois étaient retenus en Angleterre, et les vains efforts que l'on aurait tentés pour soutenir leurs droits n'auraient fait que rendre leur captivité plus rigoureuse. La France entière, encore mal rétablie de la longue suite de maux qu'elle avait soufferts sous le dernier règne, allait se voir entraînée dans une guerre difficile, funeste, même à ceux dont on voudrait défendre la cause. Montfort, impatient de jouir du fruit de sa victoire, et las de ses fatigues, offrait à Charles V de lui rendre hommage ; mais bien plus attaché au roi d'Angleterre dont il avait épousé la fille, il ne fallait qu'un refus pour le jeter dans les bras de ce prince, et la Bretagne serait peut-être enlevée pour toujours à la suzeraineté de la France.

Toutes ces considérations furent pesées dans le conseil de Charles V, et, malgré l'inclination de ce prince, malgré l'appui que le duc d'Anjou, son frère, prêtait à la veuve de Charles de Blois, dont il avait épousé la fille, il fut décidé que l'intérêt de l'état s'opposait à la continuation de la guerre. Montfort fut reconnu duc de Bretagne à la charge de faire à la France hommage de son duché : s'il mourait sans enfans mâles, l'héritage devait passer aux fils de Charles de Blois : le comté de Penthièvre fut assuré à leur mère ; c'était l'héritage de son frère, Guy de Bretagne; on y joignit l'héritage du vicomté de Limoges et 10,000 livres de rente.

Telles furent les principales conditions du traité de Guerande; Montfort ne l'accepta qu'après avoir reçu le consentement du roi d'Angleterre. Il rendit hommage l'année suivante. Dès ce moment, le comté de Montfort fut irrévocablement uni à la principauté de Bretagne, jusqu'à la réunion de celle-ci à la couronne de France.

Le président Hainault dit qu'il y eut une grande difficulté sur la forme de cet hommage. Le comte de Montfort prétendait que le Roi se contentât d'un hommage simple, qui n'engageât que son duché et non sa personne; et il était de la règle que ce fût un hommage-lige, puisque le duc de Bretagne était regardé comme les autres grands vassaux de la couronne, qui pouvaient encourir la peine de félonie. Mais, dans la crainte qu'il ne portât son hommage au roi d'Angleterre, et qu'il ne lui ouvrît ses portes pour entrer dans le royaume, Charles V eut recours à l'expédient de recevoir son hommage, tel qu'il devait l'être, selon le droit de l'ancien usage.

Montfort, duc de Bretagne, fait un traité avec Edouard : ses sujets se révoltent; les Français réduisent ses places et le forcent à passer en Angleterre, en 1375. En 1378, Charles V (roi de France) confisque le duché de Bretagne, les pairs de France s'y opposent; les Bretons rappellent le comte de Montfort, et l'entreprise de Charles ne réussit pas. En 1387, le duc Bre—

tagne, Montfort, fit arrêter le connétable Clisson, son ennemi, et ordonne à Bavalan de le précipiter, la nuit, dans la mer ; Bavalan, le lendemain, dit au Duc qu'il a exécuté ses ordres. Le Duc, en proie aux plus affreux remords, reproche à Bavalan sa criminelle obéissance ; alors, ce dernier se jette à ses pieds et lui déclare que Clisson n'est point mort. Le Duc rend à son ennemi la liberté, mais lui fait payer une rançon. En 1392, Pierre de Craon assassine le connétable Clisson, favori du Roi Charles VI. Montfort, duc de Bretagne, est soupçonné d'avoir eû part à ce meurtre. Clisson n'est que blessé ; il recouvre la santé, et pour se venger, il engage le Roi à déclarer la guerre au duc de Bretagne. L'armée se met en marche, et la rencontre d'un inconnu vêtu de blanc, d'une figure effrayante, qui s'approche du Roi et l'arrête, lui frappe tellement l'imagination, qu'il tombe en démence. En 1394, Clisson et Montfort, las de se haïr et de se persécuter, parlent enfin de paix. Le Duc fait proposer à Clisson de le venir trouver pour s'accommoder ensemble, sans le secours de médiateurs. Clisson demande pour otage le fils aîné du Duc, et Montfort le lui envoie. Clisson part, et sans escorte, seul, se rend auprès du Duc et lui présente son fils ; cette généreuse confiance les réunit à jamais et leur rend l'un pour l'autre les sentimens d'amitié qui les avait autrefois unis dans leur jeunesse. Ils ne s'étaient brouillés que par les calomnies inventées par le roi de Navarre, Charles-le-Mauvais. Il semble, dit Madame de Genlis, qui raconte ces faits, qu'on pourrait tirer de cette histoire un très-beau sujet de tragédie. Jean V n'avait pas eu d'enfans de ses deux premières femmes, mais Jeanne de Navarre, fille de Charles-le-Mauvais, lui en avait donné six. L'aîné lui succeda sous le nom de Jean VI.

Ici se termine l'histoire des anciens comtes de Montfort-l'Amaury, parce qu'étant une fois ducs de Bretagne, c'est en cette dernière qualité et non comme comtes de Montfort, qu'ils ont agi et qu'ils figurent dans l'histoire. Ainsi nous allons indiquer, d'une manière sommaire et dans un ordre purement chronologique les noms des divers successeurs de Jean V, qui ont été comtes de Montfort, jusqu'au temps où la Bretagne ayant été réunie à la couronne, le comté de Montfort, dépendant de ce duché, subit la même destinée, et après avoir appartenu à nos rois ou aux princes de leur sang en propriété ou en usufruit, tombe ensuite entre les mains des ducs de Luynes. Nous ne ferons, pour ces derniers Seigneurs, qu'un chapitre collectif et succinct, qui formera le complément de cette histoire; et nous nous bornerons également, en ce qui touche ces mêmes Seigneurs, à un simple exposé des règnes de chacun d'eux, de la date de ces règnes, et de quelques-uns des événemens les plus remarquables de cette dernière époque.

CHAPITRE XIX.

(Espace de 132 ans.)

Successeurs de JEAN V, jusqu'à FRANÇOIS Ier,

ROI DE FRANCE,

A l'époque où ce prince réunit la Bretagne à la France.

1400.— *Jean* VI, duc de Bretagne, comte de Montfort, pair de France, comte de Richemont, chevalier de la Toison-d'Or, dit le Bon et le Sage, naquit au château de l'Hermine, le 24 décembre 1389. Le connétable Olivier Clisson le fit chevalier, et la veuve de Charles de Blois, qui conservait du ressentiment de sa défaite, l'ayant attiré dans le château de Châtonceaux, le fit conduire prisonnier à celui de Palluan, et ensuite à celui des Essarts en Poitou. Mais cinquante mille Bretons, ayant pris les armes, délivrèrent bientôt leur Duc et ravagèrent le château de Penthièvre. Il mourut le 29 août 1442 : il avait épousé Jeanne de France, fille de Charles VI, roi de France, et il en eut entr'autres enfans :

François, 1er *du nom*, duc de Bretagne, comte de Montfort, qui naquit le 11 mai 1414, et succéda à Jean VI, son père, au duché de Bretagne et au comté de Montfort. Il mourut le 17 juillet 1450.

Rouan de Bretagne, fils du précédent, fut comte de Montfort du vivant de son père, et mourut jeune encore avant lui.

Pierre, *second du nom*, frère de François premier, lui succéda au comté de Montfort. Pierre étant mort sans enfans, le 22 septembre 1457, il eût pour successeur, son oncle Artur III, connétable de France et comte de Montfort; ce dernier mourut le 26 décembre 1458.

Richard de Bretagne, frère d'Artur III, lui succéda. Le roi Louis XI lui accorda, en 1465, le comté d'Etampes en stipulant que le comté de Montfort, cédé à la maison de Penthièvre, serait de la juridiction du parlement de Paris, et jouirait de tous les droits et prééminences de régale, de souveraineté et de justice.

François II, duc de Bretagne et comte de Montfort, succéda à Richard, du chef de Marguerite sa femme, fille aînée de François Ier, neveu d'Artur. Il n'en eut point d'enfans, et épousa en secondes noces, Marguerite, fille de Gaston, comte de Foix, dont il eut *Anne de Bretagne*, qui fut reine de France, par son mariage avec le roi Charles VIII. Après la mort de ce monarque, le duc d'Orléans lui ayant succédé sous le nom de Louis XII, Anne de Bretagne convola en secondes noces avec lui, et de ce nouveau mariage naquit Madame Claude, qui épousa François Ier roi de France. Anne de Bretagne mourut le 9 janvier de l'année 1513.

TROISIÈME PÉRIODE.

ROIS DE FRANCE,

ou

PRINCES DE LEUR SANG,

QUI ONT ÉTÉ COMTES DE MONTFORT APRÈS LES DUCS DE BRETAGNE.

CHAPITRE XX.

(Espace de 160 ans.)

An 1532.

FRANÇOIS Ier, roi de France, fut duc de Bretagne et comte de Montfort-l'Amaury, du chef de la reine Claude sa femme, par édit du mois d'août 1532, et suivant un acte passé entre le roi et les états de Bretagne assemblés à Vannes. Le duché de Bretagne et la terre de Montfort furent alors irrévocablement unis au domaine de la couronne, et l'on part de cette époque pour dire que le comté de Montfort devint *comté royal.*

Voici l'épithaphe du cœur de François Ier enterré à Haute-Bruyère, abbaye qui dépendait du comté de Monfort.

> Que tient enclos ce marbre que je voi ?
> —Le grand François , incomparable roi.
> —Comme eût tel prince un si court monument ?
> —De lui n'y a que le cœur seulement.
> —Donc ici n'est pas tout ce grand vainqueur ?
> —Il y est tout, car il était tout cœur.
>
> (St-Gelais.)

Marie de Luxembourg, veuve de François de Bourbon, comte

de Vendôme, reçut de François Ier l'investiture du comté royal de Montfort, en dédommagement de la perte de ses terres, qui avaient été cédées à l'empereur d'Espagne, Charles-Quint, par le traité de 1532.

L'usufruit du comté de Montfort fut ensuite donné à *André de Foix*, seigneur de l'Espare, qui était oncle à la mode de Bretagne de la reine Anne, et qui fonda, suivant le pouillé du diocèse de Chartres, dix prébendes ou canonicats dans l'église de Saint-Pierre de Montfort.

Madame de la Trémouille, dame de Montfort, y fonda deux prébendes en 1549.

En l'année 1556, *la duchesse d'Estouteville* était comtesse usufruitière du comté de Montfort, ainsi que nous l'apprend le procès-verbal de rédaction de la coutume de cette ville, où elle est nommée ; elle était épouse de messire Jean d'Estouteville, chevalier gentilhomme ordinaire de la chambre du roi.

Nous voyons de plus, qu'à l'assemblée des trois états convoqués à Montfort le 12 octobre 1556, pour être présens à la rédaction de cette coutume, la ville de Houdan, afin de se soustraire à l'empire juridique de cette même coutume, soutint, par l'organe de ses députés, qu'il n'y avait d'autre seigneur à Houdan que le roi ; que la châtellenie de Houdan était indépendante du comté de Montfort ; qu'il y avait eu chez elle de tout temps, un bailli, un lieutenant-général, un procureur du roi, un prévôt ; et que tous ces officiers voulaient que les appels du bailliage de Houdan fussent de la compétence du parlement de Paris, attendu que cette compétence avait élevé, entre les officiers de Montfort et ceux de Houdan, un procès qui était encore en instance à ce parlement. Mais on n'eut pas égard aux remontrances de la ville de Houdan, qui fut toujours régie depuis par la coutume de Montfort, jusqu'à l'établissement d'un Code de lois uniforme pour toutes les provinces de la France.

Suivant lettres patentes du 14 mars 1562, le comté de Montfort fut donné à la reine *Catherine de Médicis* , douairière de Henry II roi de France, pour partie de sa dot.

Ce même comté fut encore donné à *Henry* , *duc d'Anjou* , depuis roi de Pologne et de France, sous le nom de Henry III, en 1570.

On a trouvé à Montfort quantité de pièces d'argent frappées au coin de ce monarque. Nous en avons une entre les mains, qui est de l'année 1579; elle a d'un côté pour légende : *Henricus III, Franciæ et Poloniæ rex* , et au milieu une croix dont les quatre extrémités se terminent par quatre fleurs de lis. Les revers de cette pièce, dont la valeur est environ de 36 sous , est un écusson entouré de cette légende : *Sit nomen Domini benedictum.*

La principauté de Montfort et ses annexes passèrent ensuite, pour supplément d'apanage, à François de France, duc d'Alençon, frère cadet de Henri III, suivant lettres-patentes de l'année 1574. Ce prince en a joui jusqu'à sa mort, arrivée le 10 juillet 1584.

Par contrat passé en 1587, le comté de Montfort fut cédé, à titre d'engagement, par les commissaires du roi Henri III, à Jean-Louis de Nogaret, duc d'Epernon, un de ceux qui étaient dans le carosse de Henri IV lorsque ce prince fut assassiné par l'odieux Ravaillac.

A l'avénement de Henri IV au trône, lorsque ce roi combattait encore contre la ligue, Montfort se déclara ouvertement pour lui. Henri IV vint camper près de cette ville, et l'on voit encore aujourd'hui, le long de la forêt de Rambouillet, à laquelle elle confine, la forme et les restes de ses anciens retranchemens.

Cependant l'engagement contracté avec le duc d'Epernon en 1587, et qui consistait à le laisser maître du comté de Montfort, fut continué à l'égard de *Bernard* , *duc d'Epernon* , son second fils, qui le transporta lui-même à la princesse *Marie de Rohan* , duchesse de Chevreuse, sous la réserve de l'usufruit pendant sa vie.

Au décès de ce seigneur, arrivé en 1661, *la dame de Rohan* en prit possession ; mais il paraît qu'après elle, Montfort rentra tout à-fait dans le domaine de la couronne ; car Louis XIV en disposa à titre d'échange, envers les héritiers même de cette princesse, ainsi qu'on va le voir au chapitre suivant.

QUATRIÈME ET DERNIÈRE PÉRIODE.

BRANCHE DES DUCS DE LUYNES.

CHAPITRE XXI ET DERNIER.

(Espace de 100 ans.)

An 1692.

Louis XIV ayant eu besoin, pour la construction et l'agrandissement de sa maison royale de Versailles, située dans l'étendue du duché de Chevreuse, de la plus grande partie des paroisses, terres, héritages, qui composaient le principal domaine de ce duché, proposa au très-haut et très-puissant seigneur *Charles-Honoré d'Albert, duc de Luynes*, de lui donner, en échange de son duché de Chevreuse, d'autres terres de semblable valeur, pour être unies à la portion de duché qu'il voulait lui laisser, de sorte que le tout ensemble formerait un seul corps de domaine, avec les mêmes titres, droits et prérogatives, qui étaient attachés à l'ancien duché de Chevreuse. Cette proposition ayant été acceptée, le Roi incorpora ce duché dans le domaine de Versailles, à l'exception du château de Dampierre et de toutes ses dépendances, qui n'ont cessé d'appartenir à la maison de Chevreuse.

Le duc de Luynes reçut en contre-échange les ville, domaine et comté de Montfort, que Louis XIV érigea en duché. Houdan faisait partie de cette principauté, dont le fonds fut évalué à un million cinquante-deux mille huit cent vingt-trois livres, et le revenu annuel à trente-six mille trois cent quatre livres.

D'après ce traité, fait le 1er février 1692, le reste du duché de Chevreuse et le comté de Montfort se trouvèrent réunis en un seul domaine, qui prit le titre de *duché de Chevreuse-Montfort.* Cependant il paraîtrait, comme on va le voir, que le titre de duché fut tout-à-fait transporté sur le comté de Montfort, sans que la terre de Chevreuse elle-même cessât d'être duché.

Charles-Honoré d'Albert mourut, le 5 novembre 1712, à l'âge de soixante-sept ans. Il avait été marié, le 1er février 1667, avec Jeanne-Marie Colbert, fille aînée de Jean-Baptiste Colbert, ministre-secrétaire et contrôleur-général des Finances. Il en eut entre autres enfans, Honoré-Charles d'Albert, qui suit.

La maison d'Albert a pris le nom de Luynes, depuis que la terre de ce nom, située en Provence, y est entrée par le mariage de Léon d'Albert avec Jeanne de Ségur, le 21 septembre 1535, au rapport du père Anselme, auteur de l'Histoire généalogique des maisons de France, lequel nous apprend encore que la famille d'Albert descend des Alberti de Florence. Les Alberti, ajoute-t-il, avaient été bannis des terres de cette république, et quelques-uns d'entre eux vinrent se réfugier à Avignon.

Honoré-Charles-d'Albert, comte de Tours et depuis duc de Chevreuse-Montfort, capitaine-lieutenant des chevau-légers de la garde du roi, et maréchal-de-camp, naquit le 6 décembre 1669. Il commença de servir sous les ordres du Dauphin, au siége de Philisbourg, en 1688, au retour duquel son père lui remit, avec l'agrément du roi, le duché de Chevreuse, sous le nom de *duché de Montfort.* Il fut blessé au siége de Mons, en 1691, et se trouva, étant cornette des chevau-légers, aux combats de Leuze et de Stenkerque. Il fut tué près de Bellikeins, en revenant d'escorter un convoi de vivres qu'il fit entrer dans Landau, le 4 septembre 1704. Il fut regretté de toute l'armée, à cause de sa valeur et de sa grande capacité. Il eut entr'autres enfans, de son mariage avec Marie-Jeanne de Courtilon :

Charles-Philippe-d'Albert, duc de Luynes et de Chevreuse, pair de France, duc de Montfort et comte de Tours, chevalier des ordres du roi, et mestre-de-camp d'un régiment de cavalerie de son nom, par commission de l'an 1717. Il fit la campagne d'Espagne, en 1719. Il était né le 30 juillet 1695 et mourut le 2 novembre 1758. De son mariage avec Louise-Léontine-Jacqueline de Bourbon est issu:

Marie-Charles-Louis d'Albert, duc de Chevreuse-Montfort, prince de Neufchâtel, comte de Dunois, mestre-de-camp d'un régiment de cavalerie de son nom, et depuis mestre-de-camp-général des dragons. Il naquit le 23 avril 1717. Il était à l'escalade de Prague, en 1741; et se distingua, la même année, à Sahai où il reçut quatre blessures, étant à la tête des dragons qui battaient les cuirassiers de l'empereur. Il s'est trouvé à la défense de Prague, et à la mémorable retraite de Bohême, en 1742, ainsi qu'à tous les siéges qui ont été faits et à toutes les batailles qui ont été données pendant cette guerre, terminée par la paix d'Aix-la-Chapelle, en 1748. De son mariage avec Henriette-Nicole Pignatelli d'Egmont, est issu:

Louis-Joseph-Charles-Amable d'Albert, duc de Luynes et de Chevreuse, pair de France, prince de Neufchâtel, Walleingen en Suisse, et d'Orange, marquis de Saissac et de Dangeau, comte de Tours, de Dunois et duc de Montfort-l'Amaury, baron de Houdan. Il avait épousé, en 1768, Elisabeth-Joseph de Laval-Montmorency. De ce mariage est issu:

M. *Charles-Marie-Paul-André d'Albert*, duc de Luynes et de Chevreuse, né en 1783, quarante-unième et dernier seigneur de Montfort. Il vendit, en grande partie, les terres de Montfort, lors de la révolution française, à ceux qui les possèdent aujourdhui ou à leurs auteurs. Tous ces biens avaient d'abord été séquestrés; mais, par une faveur particulière, il fut autorisé à en faire la vente. Il ne conserva que son château de Chevreuse.

L'emplacement de celui de Montfort, ses murailles et ses tours en ruines furent achetées moyennant 1200 livres en assignats.

Telle est l'histoire chronologique de cette seigneurie, qui dura 800 ans environ, depuis Guillaume de Hainaut, jusqu'à M. le duc de Luynes et de Chevreuse, existant aujourd'hui.

FIN.

TABLE GÉNÉRALE

DES MATIÈRES.

PRÉCIS SUR LA VILLE DE MONTFORT.

HISTOIRE CHRONOLOGIQUE.

PREMIÉRE PÉRIODE.

BRANCHE DE HAINAUT.

SECONDE PÉRIODE.

—

BRANCHE DES DUCS DE BRETAGNE.

—

TROISIÈME PÉRIODE.

—

ROIS DE FRANCE,

ou

PRINCES DE LEUR SANG, QUI ONT ETÉ COMTES DE MONTFORT.

—

QUATRIÈME ET DERNIÈRE PÉRIODE.

BRANCHE DES DUCS DE LUYNES.

FIN DE LA TABLE DES MATIÈRES.

CATALOGUE des Ouvrages où l'on a puisé les élémens qui forment cette histoire.

Histoire de Normandie, par Ordéric-Vital.

L'Art de vérifier les dates.

Manuscrit appartenant à Mlle Grignon (de Montfort.)

Histoire Généalogique des rois et des maisons de France, par le père Anselme.

Histoire Généalogique de la maison de Courtenay, par Du-bouchet.

Histoire de Bourgogne, par Duchêne.

Histoire latine de France, par Aimoin, auteur du 10e siècle.

Notice des Gaules, par Adrien-Valois.

La Gaule Chrétienne.

Coutumes du comté et bailliage de Montfort-l'Amaury.

Villehardouin (Geoffroy de), par Petitot.

Apud Martinium. Tome Ier.

Histoire de l'abbaye de Saint-Germain-des-Prés , par Brouillard.

Besly , à la suite de son Histoire des comtes de Poitou.

L'abbé Suger.

Recueil de M. de Fontanieu, cartons 6 et 7 (manuscrits).

Ex Chronique Maurineacensi.

Recueil des historiens des Gaules et de la France.

Un acte manuscrit de 1627, trouvé à Montfort.

Histoire de France de Velly.

Chronique de l'abbé Robert.

Histoire de la Croisade contre les Albigeois, par Langlois.

Faits et Gestes de Simon de Montfort, par Arnaud Sorbin.

Histoire des comtes de Toulouse, par Catel.

Description de Paris, par Piganiol de la Force.

Mathieu Pâris, histoire d'Angleterre.

Pierre de Vaucernay.

Vulson de la Colombière.

Guillaume Nangis.

Michel Volaterran, dans sa vie des Papes.

Histoire de Bretagne, par dom Lobineau.

Histoire de Saint-Louis, par Debury.

Histoire Généalogique de la maison de France, par MM. de Sainte-Marthe.

La France sous les cinq premiers Valois, par Lévesque.

Pouillé du diocèse de Chartres.

Généalogie de Mlle Guignard, épouse de M. l'Hermitte, juge de paix à Montfort.

Un édit de Charles IX, de l'an 1569.

Ducange, traduit par Petitot.

Froissart.

Contrat de 1692.

Monumens historiques de France, in-fol., 2 vol.

L'abbé Mably.

Trésor des Chartres.

FIN DU CATALOGUE DES OUVRAGES OU L'ON A PUISÉ.

ÉVERAT, IMPRIMEUR, RUE DU CADRAN, N° 16.